Parmi les ouvrages de cette collection

RÉDACTION ET PRÉSENTATIONS DE MARY-ALICE WATERS

En français, anglais et espagnol

Voix depuis la prison : les Cinq Cubains
RAFAEL CANCEL MIRANDA, RODOLFO RODRÍGUEZ,
CARLOS ALBERTO TORRES, ELIZABETH PALMEIRO, GERARDO HERNÁNDEZ,
RAMÓN LABAÑINO (2014)

Les Première et Deuxième déclarations de La Havane (2007)

Cuba et la révolution américaine à venir
JACK BARNES (2001)

**Che Guevara : l'économie et la politique
dans la transition au socialisme**
CARLOS TABLADA (1989)

En anglais et en espagnol

Cuba et Angola : la guerre pour la liberté
HARRY VILLEGAS (2017)

Ce sont les pauvres qui font face au système de « justice » US
LES CINQ CUBAINS DÉCRIVENT LEUR VIE
DANS LA CLASSE OUVRIÈRE AMÉRICAINE (2016)

**Cuba et Angola :
lutter pour la libération de l'Afrique et pour la nôtre**
FIDEL CASTRO, RAÚL CASTRO, NELSON MANDELA ET AUTRES (2013)

Les femmes à Cuba : une révolution au sein de la révolution
VILMA ESPÍN, ASELA DE LOS SANTOS ET YOLANDA FERRER (2012)

**Aldabonazo :
dans la clandestinité révolutionnaire cubaine, 1952-1958**
ARMANDO HART (2004)

De l'Escambray au Congo
VICTOR DREKE (2002)

Playa Girón/Baie des Cochons
FIDEL CASTRO ET JOSÉ RAMÓN FERNÁNDEZ (2001)

Che Guevara parle aux jeunes (2000)

Quel chemin, nous les esclaves, nous avons franchi !
NELSON MANDELA ET FIDEL CASTRO (1991)

Défense du socialisme
FIDEL CASTRO (1989)

NOTRE HISTOIRE
S'ÉCRIT
TOUJOURS

NOTRE HISTOIRE S'ÉCRIT TOUJOURS

L'HISTOIRE DE TROIS GÉNÉRAUX
CUBAINS D'ORIGINE CHINOISE
DANS LA RÉVOLUTION CUBAINE

ARMANDO CHOY ✦ GUSTAVO CHUI ✦ MOISÉS SÍO WONG

PATHFINDER

NEW YORK LONDRES MONTRÉAL SYDNEY

Rédaction : Mary-Alice Waters
Responsable de la traduction en français : Michel Prairie

Copyright © 2019 Pathfinder Press
Tous droits réservés / All rights reserved
ISBN 978-1-60488-109-7
Numéro de contrôle de la Bibliothèque du Congrès /
Library of Congress Control Number 2019947546
Imprimé aux États-Unis
Manufactured in the United States of America
Première édition : 2019

Ce livre est la traduction de la deuxième édition de *Nuestra
historia aún se está escribiendo: la historia de tres generales cubano-
chinos en la Revolución Cubana* © Pathfinder Press, 2005, 2017.

CONCEPTION GRAPHIQUE DE LA COUVERTURE : Eva Braiman

PHOTO DE LA COUVERTURE : Membres de l'Alliance nouvelle
démocratie chinoise lors d'un rassemblement à La Havane,
le 2 septembre 1960. Organisé en réponse aux efforts de
Washington pour mobiliser les gouvernements d'Amérique
latine contre Cuba, ce rassemblement de plus d'un million
de personnes a approuvé une réponse au gouvernement US
connue comme la Première déclaration de La Havane. La
bannière dit : « Les résidents chinois soutiennent la révolution
cubaine et son dirigeant, Fidel Castro. »

Pathfinder
www.pathfinderpress.com
Courrier électronique : pathfinder@pathfinderpress.com

Table des matières

Préface à la deuxième édition Mary-Alice Waters   11

Prologue Wang Lusha   17

Introduction Mary-Alice Waters   23

Armando Choy   33

Gustavo Chui   37

Moisés Sío Wong   41

PREMIÈRE PARTIE : « LA DIFFÉRENCE EST UNE RÉVOLUTION SOCIALISTE » : LES CHINOIS À CUBA

    Trois révolutionnaires   45

    Les Chinois à Cuba   79

DEUXIÈME PARTIE : RENFORCER LA RÉVOLUTION

    La mission internationaliste cubaine en Angola, 1975-1991   105

    La guerre de tout le peuple   135

TROISIÈME PARTIE : LA PÉRIODE SPÉCIALE ET APRÈS

    Affronter la crise alimentaire   151

    Capitalisme, socialisme et environnement   169

    Cuba, Venezuela, Amérique latine   179

    La bataille des idées   195

Glossaire des individus, organisations et événements   203

Index   229

Cartes

Cuba, ainsi que l'emplacement
des associations chinoises   30

Ports d'origine des travailleurs chinois
sous contrat   80

Angola, novembre 1987-avril 1988   107

Encadrés, photos, illustrations

Cahier de photos, en face de la page   102

Moisés Sío Wong, Gustavo Chui, Armando Choy
et José Ramón Fernandez,
La Havane, février 2006   16

Armando Choy   32

Gustavo Chui   36

Moisés Sío Wong   40

Rassemblement d'un million de personnes
à La Havane, le 2 septembre 1960   44

Armando Choy dans le magasin de son père,
1952 ou 1953   47

Combattants chinois dans la guerre
d'indépendance cubaine de 1868-1878   89

Quartier chinois de La Havane, fin du XIXe siècle   92

Milice du syndicat des travailleurs
du commerce de détail, 1959 ; création
de la brigade José Wong, 1960 ; José Wong   99

Combattants cubains et angolais,
Cuito Cuanavale, Angola, 1988   104

Le régime d'apartheid s'est brisé les dents
à Cuito Cuanavale   111

Une armée révolutionnaire du peuple   127

Le peuple de Cuba a fait une contribution
sans parallèle dans l'histoire de l'Afrique   131

Jardin urbain, école primaire, La Havane   150

Le capitalisme est responsable de la destruction
de l'environnement   175

« La révolution cubaine protège le bien-être
des générations futures »   177

Préface à la deuxième édition en anglais et en espagnol

MARY-ALICE WATERS

CETTE NOUVELLE ÉDITION de *Notre histoire s'écrit toujours : l'histoire de trois généraux cubains d'origine chinoise dans la révolution cubaine* paraît douze ans après la présentation de la première édition à la Foire internationale du livre de La Havane en février 2006. Le besoin de publier une deuxième édition témoigne de l'intérêt durable suscité par la riche histoire de lutte révolutionnaire — et de victoires — auxquelles donnent vie les témoignages d'Armando Choy, Gustavo Chui et Moisés Sío Wong.

Depuis que les éditions Pathfinder ont publié leurs récits en espagnol et dans une traduction en anglais, le livre a fait l'objet de plus de 100 présentations et tables rondes dans des pays, villes et universités partout dans le monde : de Santiago de Cuba à Beijing et Guangzhou ; de Kuala Lumpur à Caracas ; de Vancouver, Toronto et Montréal à San Francisco, New York, Miami, Londres, Édimbourg, Auckland et Sydney, pour n'en citer que quelques-uns.

Mary-Alice Waters, présidente des éditions Pathfinder, est la directrice de *Nouvelle Internationale*, une revue de politique et de théorie marxistes. Elle est la rédactrice de plus d'une trentaine de livres d'entretiens, d'écrits et de discours de dirigeants de la révolution cubaine.

La Maison d'édition de la propriété intellectuelle en a publié une traduction chinoise en 2008 ; Editora Política, une édition cubaine en 2010 ; l'éditeur iranien Talaye Porsoo, une traduction en farsi en 2014. Une traduction en français de cette nouvelle édition est déjà en préparation.

Il y a avant tout trois faits, inattendus pour la plupart des lecteurs, qui ont suscité ce grand intérêt.

Premièrement, beaucoup sont surpris d'apprendre que Cuba a été l'une des principales destinations de l'énorme émigration chinoise du dix-neuvième siècle, connue dans l'histoire comme le « commerce des coolies. » Les lecteurs sont étonnés de découvrir que, de 1847 à 1874, plus de 140 000 travailleurs asservis ont été amenés à Cuba depuis les ports du Sud de la Chine. Ils l'ont été à la demande des riches propriétaires de plantations dans le but de remplacer les esclaves africains dont le nombre diminuait dans les champs de canne du pays. Cuba était alors le plus grand producteur de sucre au monde.

En pourcentage de la population, cette immigration chinoise a été plus importante que n'importe où ailleurs dans les Amériques. À la même époque, elle était alors proportionnellement plus importante que l'afflux des travailleurs chinois aux États-Unis, qui sont d'abord venus en Californie à la recherche d'or, puis pour construire le tronçon le plus difficile d'un chemin de fer transcontinental qui a changé l'histoire.

À quelques exceptions près, les travailleurs asservis qui ont survécu au voyage en mer vers Cuba et ensuite à huit années de travail sous contrat dans des conditions comparables à l'esclavage ne sont jamais retournés en Chine. Ils ont formé des couples mixtes et sont devenus des travailleurs, de petits agriculteurs et de petits commerçants. Ils ont vécu comme le faisaient les autres travailleurs cubains.

Aujourd'hui dans les rues de La Havane et d'autres villes à travers l'île, il n'est pas rare d'entendre dire que la nation cubaine est née du tressage de trois fils : un espagnol, un africain et un chinois.

Deuxièmement, les lecteurs sont surpris par la participation massive et la contribution exemplaire des travailleurs chinois aux guerres d'indépendance de Cuba contre l'Espagne entre 1868 et 1898, des guerres indissolublement liées à la lutte pour l'abolition de l'esclavage et du travail asservi sous toutes ses formes. Comme le souligne le récit de Moisés Sío Wong, rien de tel ne s'est produit ailleurs dans le monde où un grand nombre de travailleurs chinois se sont établis.

Troisièmement, et c'est le plus important, de nombreux lecteurs sont stupéfaits d'apprendre qu'à Cuba aujourd'hui, contrairement au reste du monde, la discrimination et même les préjugés contre les Cubains d'ascendance chinoise ont pratiquement cessé d'exister. Il n'y a pas de plafond de verre, aucun secteur de la société ou niveau de responsabilité où les Cubains chinois qu'on y retrouve n'y sont qu'en position de figurants. Il n'y a pas « d'emplois typiquement chinois. » Wang Lusha parle avec éloquence de cette question dans son prologue à cette nouvelle édition.

Comment cela est-il possible ? Pourquoi la communauté chinoise de Cuba est-elle différente de celle du Pérou, du Brésil, de l'Argentine ou de l'Amérique du Nord, demande Moisés Sío Wong. « La différence, répond-il, est le triomphe d'une révolution socialiste.» Ici, « on a renversé les relations de propriété qui créent les inégalités non seulement économiques, mais aussi sociales entre riches et pauvres. C'est ce qui a permis au fils d'immigrants chinois de devenir représentant du gouvernement, ou n'importe quoi d'autre.»

Notre histoire s'écrit toujours constitue en fait une introduction à cette révolution socialiste.

Comment et pourquoi de jeunes Cubains comme les trois auteurs se sont joints à la lutte révolutionnaire pour renverser ce que les travailleurs de ce pays appelaient simplement dans les années 1950 « la tyrannie » : la dictature policière de Fulgencio Batista, soutenue par les États-Unis. Comment et pourquoi le triomphe de cette immense lutte populaire — qui a coûté la vie à 20 000 personnes — a ouvert la voie à la première révolution socialiste dans les Amériques.

Comment, en faisant cette révolution, des millions d'hommes et de femmes, jeunes et âgés, se sont transformés tout en luttant pour jeter les bases d'un nouvel ordre économique et social.

Pourquoi la révolution cubaine reste aujourd'hui le seul exemple vivant de ce qu'est une révolution socialiste et de ce que peuvent accomplir des travailleurs ordinaires comme ceux qui l'ont faite et continuent à la défendre.

La nouveauté la plus importante dans cette deuxième édition de *Notre histoire s'écrit toujours* est le prologue du traducteur chinois Wang Lusha, publié d'abord comme une postface à l'édition chinoise de 2008. Il y décrit comment il a entendu parler pour la première fois des trois généraux cubains d'origine chinoise et de l'impact que leurs histoires ont eu sur sa propre vie. Wang illustre la surprise et la fierté de nombreux Chinois dans le monde, en particulier parmi les jeunes, qui à travers ce livre en ont appris davantage sur leur propre histoire de résistance, de combat et de victoire révolutionnaires.

Nous remercions Linette Chua de Manille pour sa traduction en anglais du prologue, ainsi que José Ignacio Fernández Armas et Kagita Chen Xiulian de La Havane pour leur traduction en espagnol.

Dans cette nouvelle édition du livre, quelques traductions ont été améliorées. Des notes de bas de page ont été ajoutées pour clarifier les références devenues obscures après plus d'une décennie et des détails biographiques dans les notes et le glossaire des auteurs ont été mis à jour. De nouvelles photos et illustrations ont aussi été ajoutées.

Ce qui importe le plus, c'est que le puissant message révolutionnaire d'Armando Choy, de Gustavo Chui et de Moisés Sío Wong, reproduits dans leurs propres mots, reste inchangé.

Décembre 2017

« Ce livre sera un véhicule pour faire connaître la révolution cubaine dans tous les pays, » explique en février 2006 le général Moisés Sío Wong lors du lancement à La Havane des éditions en anglais et en espagnol de *Notre histoire s'écrit toujours.* « Et il va aider à faire connaître la participation des Chinois dans l'histoire de Cuba. »

Prennent aussi la parole à cet événement, à partir de la gauche : le vice-président cubain José Ramón Fernández, le général Gustavo Chui et le général Armando Choy.

Le livre a depuis été présenté dans plus d'une centaine de réunions à travers le monde.

Prologue

WANG LUSHA

POUR LES CHINOIS NÉS APRÈS les années 1970, Cuba reste un pays étranger et peu connu. Nous savons peu de choses sur sa situation géographique, ses coutumes et traditions, son histoire et sa culture. Notre seule impression de Cuba vient peut-être de cette image emblématique de Che Guevara, arborant un béret noir avec une étoile à cinq branches, imprimée sur des T-shirts. Alors, quelle est la véritable importance de Cuba pour nous ?

Quand j'ai grandi, j'ai souvent entendu mon père parler de sa participation dans sa prime jeunesse à des manifestations contre les Américains. Au cours de rassemblements de rue, ils scandaient « *Cuba sí, yanquis no* ! » en soutien à la révolution cubaine et contre le blocus américain. La chanson « La belle Havane » faisait fureur en Chine à l'époque. Beaucoup de jeunes étaient fascinés par le charisme de Che Guevara, Fidel Castro et d'autres dirigeants cubains. Avec son attrait unique, Cuba a touché et inspiré toute une génération de jeunes Chinois.

Wang Lusha a traduit l'édition en chinois de ce livre, publiée à Beijing en 2008. Il travaille dans l'industrie chinoise du film et de la télévision et a écrit le scénario d'une série télévisée de 28 épisodes sur les Chinois à Cuba. Il vit à Huhehaote en Mongolie intérieure et à Beijing.

Pourtant, avec le passage du temps, les nouvelles générations en Chine semblent avoir oublié Cuba — ce pays loin-
tain situé aux Caraïbes — un pays qui avait autrefois profondément stimulé nos grandes fierté et conscience nationales.
Mais, génération après génération, les Cubains continuent
d'écrire l'histoire de Cuba. Le reste du monde n'a pas oublié
cette histoire, pourtant inconnue des jeunes Chinois. Autour
du globe, ceux qui cherchent liberté et justice continuent de
se tourner vers cette terre promise appelée Cuba. Et parmi
eux, il y a la journaliste américaine Mary-Alice Waters. Elle
a conçu ce livre avec une passion profonde pour Cuba. J'es-
père que ma traduction peut transmettre ce sentiment à tous
les Chinois qui s'y intéressent aussi et veulent en apprendre
davantage sur Cuba.

■

Je n'ai pas voyagé partout ou foulé chaque centimètre de
cette planète et je ne prétends pas davantage être très expéri-
menté ou érudit. Mais j'ai vécu cinq ans aux Pays-Bas, dans la
région nord du globe, et en Nouvelle-Zélande, à l'extrémité
sud opposée. Ces années m'ont permis de connaître un peu
la civilisation occidentale et d'acquérir une meilleure compréhension de la vie des Chinois d'outre-mer.

Deux choses m'ont particulièrement frappé. La première,
c'était en Nouvelle-Zélande quand j'ai visité une exposition
culturelle sur l'immigration chinoise. Celle-ci comprenait de
nombreuses caricatures insultantes, dessinées par des occi-
dentaux il y a un siècle. Les Chinois y étaient généralement
représentés avec des dents proéminentes, une natte, deux petites moustaches, les yeux bridés et de longs ongles. Ceux qui
voyaient ces dessins pouvaient facilement en conclure que
les Chinois étaient des vauriens cruels et perfides. La plupart

des dessins dépeignaient les Chinois comme des étrangers venus en Nouvelle-Zélande pour ouvrir des buanderies ou des restaurants, ou pour travailler comme coolies, ce qui faisait perdre leur emploi ou leur commerce à de nombreux Néo-Zélandais.

Le statut des Chinois en Occident s'est considérablement amélioré depuis. Mais le stéréotype demeure que les Chinois ne sont bons qu'à deux choses : diriger un restaurant et être forts en mathématiques. (La raison pour laquelle les Chinois sont supérieurs aux autres en maths, c'est à cause de la solide éducation de base mise en place par le gouvernement chinois à la suite de la « révolution culturelle.» Dès l'école primaire, les élèves n'ont pas le droit d'utiliser de calculatrices. Ils apprennent à faire les maths avec un crayon et du papier.)

La deuxième chose que j'ai encore fraîche à la mémoire, c'est ma conversation avec un camarade de classe africain pendant mes études aux Pays-Bas. Il venait du Cameroun. Après avoir appris que je venais de Chine, il m'a dit qu'il y avait beaucoup de Chinois dans son pays et ajouté que je devais être un bon cuisinier. J'ai trouvé cela très étrange et lui ai demandé ce qui lui faisait penser cela. Il a répondu que tous les Chinois dans son pays ouvrent des restaurants. Il en avait donc conclu que nous devions tous être d'excellents cuisiniers. Heureusement, il ne pensait pas que cuisiner était la *seule* chose que nous pouvons faire. Il semble que, depuis les pays les plus avancés comme les États-Unis jusqu'au continent sous-développé de l'Afrique, tous les Chinois sont perçus comme impliqués dans la profession culinaire.

Pendant mes quelques années à l'étranger, j'ai moi-même travaillé dans un restaurant et presque tous mes compatriotes rencontrés à l'étranger ont fait de même (y compris ceux qui étaient nés et avaient grandi aux Pays-Bas et en

Nouvelle-Zélande). Alors, ne sommes-nous bons qu'à cuisiner ? Non. Il y a maintenant une autre carrière dans laquelle on estime que les Chinois excellent : la programmation informatique. C'est parce qu'elle nécessite des compétences de base en maths.

La réalité, c'est que de nombreux Chinois d'outre-mer sont extrêmement riches. Mais la société ne les reconnaît et ne les acceptent toujours pas, et encore moins les gouvernements des pays où ils vivent. Pendant un certain temps, ça m'attristait d'être un Chinois. J'aurais voulu avoir un père américain. Car une chose m'obsédait : les Américains sont hautement appréciés et convoités partout dans le monde, alors qu'au contraire les Chinois sont perçus comme incompétents et inférieurs.

Mais un homme a changé ma façon de penser et m'a obligé à tout revoir. Cet homme, c'est le général Moisés Sío Wong. Le premier article que j'ai lu en ligne à son sujet le présentait comme un Cubain d'origine chinoise qui avait réussi par ses propres efforts à devenir général et même à servir comme adjudant de Raúl Castro. J'ai pensé : ça ne peut pas être vrai. Un général cubain d'origine chinoise ? N'importe quoi ! Comment est-ce possible ? Dans les autres pays, les Chinois ne sont bons qu'à travailler dans une cuisine. Comment peuvent-ils aller plus loin que la planche à découper et devenir des dirigeants ? C'était alors mon opinion. Mais ma fierté et ma dignité nationales longtemps réprimées m'ont poussé à faire discrètement mes propres recherches pour en apprendre davantage sur le général Moisés Sío Wong.

Heureusement, par pure coïncidence, j'ai découvert ce livre, *Notre histoire s'écrit toujours*. Grâce à des entretiens avec le général Moisés Sío Wong, ainsi qu'avec Armando Choy et Gustavo Chui, les deux autres généraux cubains d'origine chinoise, ce livre retrace l'histoire moderne de Cuba d'un point de vue particulier.

Ce livre m'a bouleversé. J'ai découvert qu'en plus du général Moisés Sío Wong, il y a de nombreux autres Chinois qui ont fait des contributions remarquables à Cuba. Ils ont joué des rôles importants pas seulement dans le domaine de l'économie, mais aussi dans l'arène politique. Ceux-ci comprennent José Wong, José Bu, José Tolón (Lai Wa), Armando Choy, Gustavo Chui et beaucoup d'autres. Ces Cubains d'origine chinoise ont ajouté un chapitre poignant à l'histoire des Chinois d'outre-mer.

Il semble donc que les Chinois ne sont pas tous nés pour être cuisiniers ! Nous ne sommes pas non plus inférieurs aux autres nationalités. Être né chinois n'a rien de triste ni de honteux ! Alors je me suis demandé : que s'est-il passé à Cuba pour que les Chinois y acquièrent le statut et les positions dont ils bénéficient aujourd'hui, ce qui leur est refusé dans d'autres pays ?

Le général Moisés Sío Wong explique dans ce livre : « [À Cuba,] il y a eu une révolution socialiste. La révolution a éliminé la discrimination basée sur la couleur de la peau. Avant tout, c'est parce qu'on a renversé les relations de propriété qui créent les inégalités non seulement économiques, mais aussi sociales entre riches et pauvres. »

C'est ce que la révolution socialiste nous a donné : l'éradication des bases du racisme et de l'inégalité de classe. C'est également pourquoi, aujourd'hui, tous les étrangers en Chine sont traités de façon juste et accueillante, peu importe la couleur de leur peau ou leur richesse. C'est la grandeur de la révolution socialiste !

Dans des entretiens avec le général Moisés Sío Wong, le général Armando Choy et le général Gustavo Chui, le livre *Notre histoire s'écrit toujours* raconte leurs expériences pendant la révolution socialiste à Cuba et décrit le pays avant et après la révolution. En nous parlant dans leurs propres mots des luttes et des épreuves des Cubains d'origine chinoise, ils nous offrent également un aperçu révélateur : les Chinois ne se sont jamais considérés comme une race séparée du peuple cubain, mais plutôt comme combattant avec Fidel Castro, Che Guevara et d'autres Cubains dans la lutte pour libérer leur pays. Dans une révolution socialiste, il n'y a pas de différences raciales. Il n'y a que des mains qui luttent et se battent pour la liberté.

■

Je voudrais remercier mes parents pour leur aide et leur soutien constants dans ma vie et mes études à l'étranger. J'aimerais également témoigner ma gratitude au réalisateur de télévision Wang Xinmin pour ses conseils et ses encouragements, ainsi qu'aux producteurs Zhang Mingzhi et Liu Xiangqun pour leur confiance et pour m'avoir fourni l'édition en anglais de *Notre histoire s'écrit toujours*. Je remercie M. Liu Guohua pour tous les renseignements concernant l'histoire de Cuba, Cao Na et Li Wenming pour leur aide précieuse lors du processus de traduction, Wang Ludi et Meng Ran pour avoir traduit des sections en espagnol du livre, et Mme Wang Ping pour la révision de mon travail. Je voudrais exprimer ma reconnaissance à tous ceux qui m'ont compris et soutenu tout au long de ce projet. Sans vous tous, je n'aurais jamais réussi à traduire ce livre. Merci !

2008

Introduction

MARY-ALICE WATERS

Notre Histoire s'écrit toujours ajoute un autre chapitre à la chronique de la révolution cubaine racontée par celles et ceux qui ont été sur la ligne de front de cette épique bataille depuis plus de cinquante ans.

Armando Choy, Gustavo Chui et Moisés Sío Wong, trois jeunes rebelles cubains d'origine chinoise, sont devenus des combattants dans la lutte clandestine et la guerre révolutionnaire de 1956-1958 qui ont renversé la dictature de Fulgencio Batista que soutenaient les États-Unis, ouvrant la porte à la révolution socialiste dans les Amériques. Au cours d'une vie entièrement consacrée à l'action révolutionnaire, chacun d'eux est devenu général des Forces armées révolutionnaires de Cuba. À travers leur histoire personnelle, on voit à l'oeuvre les forces économiques, sociales et politiques qui ont donné naissance à la nation cubaine et continuent de façonner notre époque.

Nous voyons comment des millions d'êtres humains ordinaires comme eux, « les hommes et les femmes de nulle part » que les dirigeants ne peuvent même pas voir, ont simplement refusé d'accepter un avenir sans dignité ni espoir et refusé d'accepter moins que ce à quoi ils rêvaient. Ils sont entrés sur la scène de l'histoire et en ont changé le cours, devenant eux-mêmes des êtres humains différents en le faisant.

L'idée de ce livre nous a été suggérée à l'origine par Harry Villegas, lui-même général de brigade (retraité) des Forces

armées révolutionnaires de Cuba et Héros de la République
de Cuba. Harry Villegas est aujourd'hui vice-président exécutif du directoire national de l'Association des combattants
de la révolution cubaine. Il est connu dans le monde entier
comme Pombo, le nom de guerre qui lui a été donné en 1965
par le dirigeant révolutionnaire cubain d'origine argentine
Ernesto Che Guevara lorsque les deux combattaient aux côtés des forces anti-impérialistes au Congo, puis en Bolivie au
cours des deux années suivantes.

En février 2002, les rédacteurs des éditions Pathfinder venaient tout juste de compléter le travail sur le livre de Víctor
Dreke intitulé *De l'Escambray au Congo : dans le tourbillon de la
révolution cubaine*, publié en anglais et en espagnol. L'ouvrage
avait été bien accueilli au Salon international du livre de La
Havane et lors de réunions très animées organisées en collaboration avec l'Association des combattants de la révolution cubaine dans l'ancienne province de Las Villas, au centre de Cuba.
Nous étions déjà bien engagés dans la préparation de deux
autres titres portant sur la révolution cubaine et sa place dans
le monde : en anglais, *Octobre 1962 : la crise des missiles vue de
Cuba* de Tomás Diez ; et en anglais et en espagnol, *Les Marianas
au combat*, l'histoire de l'officière la plus haute gradée de Cuba,
la générale de brigade Teté Puebla, et du peloton de femmes
Mariana Grajales dans la guerre révolutionnaire de Cuba.

Planifiant l'avenir, Harry Villegas nous a invité un matin au
quartier général national de l'Association des combattants de
la révolution cubaine, dont il était à l'époque vice-président
exécutif, et nous a présentés Armando Choy, Gustavo Chui et
Moisés Sío Wong. *Notre Histoire s'écrit toujours* est le produit
du travail commencé ce jour-là.

Les trois jeunes Cubains d'origine chinoise, d'à peu près le
même âge, ont grandi dans différentes parties de Cuba dans
des conditions sociales et de classe différentes. Alors que

chacun a suivi son propre chemin, les trois en sont venus au même cours d'action révolutionnaire. Ils se sont lancés dans la grande lutte prolétarienne qui a défini leur génération : la lutte pour renverser la tyrannie de Batista et défendre la souveraineté et l'indépendance de Cuba contre les attaques de l'empire impérialiste du nord.

Leurs récits font ressortir l'importance et le poids historique de l'immigration chinoise à Cuba, qui a débuté au milieu du dix-neuvième siècle. En proportion à la population, cette immigration à Cuba a été plus importante que partout ailleurs dans les Amériques, y compris aux États-Unis. En fait, des milliers de manoeuvres chinois amenés pour construire les voies ferrées dans l'ouest des États-Unis ont par la suite émigré à Cuba, dans l'espoir d'y trouver de meilleures conditions de vie et de travail.

Le trafic lucratif de dizaines de milliers de paysans chinois, leur enrôlement, leur transport vers Cuba sur des bateaux de la mort, leur travail sous contrat dans les plantations de canne à sucre pour suppléer au nombre décroissant d'esclaves africains, et surtout leur résistance, leurs luttes et leur histoire de combat impeccable dans les guerres d'indépendance de Cuba contre l'Espagne de 1868 à 1898 : tout cela est ici esquissé à grands traits. Il s'agit d'une histoire très peu connue en dehors de Cuba.

Mais ce qui est présenté ici n'est pas seulement de l'histoire. Il s'agit d'un des fils essentiels de la révolution cubaine aujourd'hui. Le récit se déroule de l'oppression raciste et de la surexploitation des Chinois aussi bien que des Noirs avant 1959, aux mesures prises par le gouvernement révolutionnaire dirigé par Fidel Castro pour mettre fin à cette discrimination et combattre son héritage, à l'intégration des Cubains d'origine chinoise à tous les niveaux de la vie sociale et politique aujourd'hui. Comme l'a déclaré avec force Sío Wong,

la mesure la plus importante prise contre la discrimination
« a été la révolution elle-même. » « La communauté chinoise de Cuba est différente de celle
du Pérou, du Brésil, de l'Argentine ou du Canada, insiste-t-il.
Et cette différence réside dans le triomphe d'une révolution
socialiste. »

■

Le renversement révolutionnaire de la dictature de Batista le
1er janvier 1959 n'a pas constitué la fin de l'histoire. Ça en a été
le début. Après avoir pris le pouvoir, les travailleurs et les agriculteurs de Cuba ont commencé à édifier une nouvelle société
qui a constitué un « affront » intolérable aux prérogatives du
capital. Depuis plus d'un demi-siècle, ils ont défendu cette société bâtie sur de nouvelles assises et tenu en échec la plus importante puissance impérialiste à avoir jamais dominé la planète. Ce faisant, les travailleurs cubains et leur gouvernement
sont devenus un phare et un allié pour ceux qui, partout dans
le monde, cherchent à apprendre à se battre pour transformer
leurs vies, et comment se battre pour *gagner*.

Parmi les nombreuses responsabilités que Choy, Chui et
Sío Wong ont assumées au fil des ans dans les Forces armées
révolutionnaires, dans des missions gouvernementales ou
dans la direction du Parti communiste de Cuba, leur participation aux missions internationalistes cubaines à l'étranger
se démarque.

« Parce que notre système est socialiste de par sa nature
et son engagement, » explique Choy, les révolutionnaires à
Cuba ont toujours cherché à agir « en fonction des intérêts de
la majorité de l'humanité qui habite la planète Terre et non
d'intérêts individuels mesquins ni même simplement des
intérêts nationaux de Cuba. »

De 1975 à 1988, chacun d'eux a servi à différents moments en Angola, quand Cuba a répondu à une demande d'aide du gouvernement angolais qui venait tout juste d'obtenir son indépendance du Portugal, afin de repousser une invasion des forces armées du régime d'apartheid d'Afrique du Sud effectuée avec le soutien de l'impérialisme.

Chui a contribué à mettre sur pied des missions internationalistes cubaines d'assistance militaire au Nicaragua, en Éthiopie et au Mozambique. Choy a servi comme ambassadeur au Cap-Vert de 1986 à 1992. En 2003, Sío Wong a aidé les travailleurs et les agriculteurs du Venezuela dans leurs efforts pour mettre sur pied des exploitations à petite échelle d'agriculture urbaine et en étendre l'usage. De 1992 à 2010, il a été président de l'Association de l'amitié sino-cubaine.

L'histoire complète des seize années de la mission internationaliste cubaine en Angola reste à écrire. Mais les récits de première main et les analyses présentées ici par chacun de ces trois généraux fournissent sur cette importante période de l'histoire de Cuba et de l'Afrique australe un éclairage qu'on ne trouve pas facilement ailleurs. La signification pour l'Afrique et le monde de la victoire en mars 1988 des forces cubaines, angolaises et namibiennes contre l'armée de l'apartheid sud-africain dans la bataille de Cuito Cuanavale y est présentée de manière frappante.

■

Notre histoire s'écrit toujours — le titre vient de Gustavo Chui — démontre la perspective révolutionnaire et l'intensité du travail continu des trois protagonistes du livre. Dans la dernière section intitulée « La période spéciale et après, » chacun d'eux regarde vers l'avenir.

Armando Choy parle en tant que le chef du projet visant à assainir la baie de La Havane et transformer l'infrastructure du port historique de La Havane. C'est un projet énorme, avec de nombreux aspects et d'une durée de plusieurs années.

Moisés Sío Wong décrit les responsabilités qu'il a assumées en 1986 et épaulées pendant plus de deux décennies en tant que président de l'Institut national des réserves de l'État. Il s'agit d'une institution essentielle non seulement à la défense militaire de la révolution, mais aussi à la capacité du gouvernement cubain de répondre aux besoins de la population lors de désastres naturels comme les ouragans qui frappent fréquemment l'île avec une férocité dévastatrice — en net contraste de tout point de vue au gouvernement capitaliste des États-Unis.

Gustavo Chui décrit les responsabilités de l'Association des combattants de la révolution cubaine, dont il est a été l'un des dirigeants fondateurs. L'organisation compte quelque 300 000 membres ayant des décennies d'expérience comme colonne vertébrale de la révolution. Leur éventail s'étend des cadres de l'Armée rebelle et de la lutte clandestine contre la tyrannie de Batista aux jeunes médecins et enseignants qui accomplissent des missions internationalistes à travers le monde aujourd'hui. L'association a la responsabilité d'un programme d'éducation politique qui vise toutes les écoles et tous les quartiers du pays.

Comme le fait bien comprendre chacun des trois généraux, l'avenir ne sera pas écrit *pour* les travailleurs de Cuba, mais *par* eux.

■

Notre Histoire s'écrit toujours, publié simultanément en anglais et en espagnol, a demandé près de quatre années de préparation. Il est le produit de plusieurs séries d'entretiens, parfois en groupe, parfois individuels, réalisés en 2002 et 2004, et achevés en 2005.

Arrin Hawkins, Martín Koppel, Luis Madrid et Michael Taber ont chacun participé avec moi à un ou plusieurs des entretiens qui nous ont donné ce livre. La production — transcription, première traduction, composition, correction d'épreuve, préparation des fichiers numériques pour l'impression, et distribution — a été l'oeuvre de plus de 200 volontaires à travers le monde qui travaillent ensemble, organisés par le Projet d'impression Pathfinder.

Nos remerciements vont tout spécialement à la Bibliothèque nationale « José Martí » de La Havane, dont les archives comprennent une précieuse collection de documents concernant l'immigration chinoise à Cuba. L'aide du personnel de la bibliothèque a été indispensable pour retracer et reproduire certaines illustrations qui donnent vie à ces pages.

Nous avons pu obtenir d'autres photos et graphiques grâce à l'aide de Delfín Xiqués de *Granma*, Manuel Martínez de *Bohemia*, Milton Chee de San Francisco en Californie et aux efforts personnels des généraux Choy, Chui et Sío Wong.

Iraida Aguirrechu d'Editora Política, la maison d'édition du Parti communiste de Cuba, a participé à chaque étape de tous les entretiens. Sans sa détermination, sa diligence, son souci de la précision et son attention aux détails, ce livre n'aurait pas vu le jour.

Enfin, et surtout, nos remerciements vont aux généraux Armando Choy, Gustavo Chui et Moisés Sío Wong pour les nombreuses heures consacrées par chacun d'eux au travail nécessaire à la réalisation de ce livre.

Nous sommes confiants que celui-ci recevra un accueil favorable de la part de celles et ceux à qui il est dédié : les nouvelles générations « d'hommes et de femmes de nulle part » en lutte, qui émergent maintenant dans le monde et pour qui la révolution socialiste de Cuba montre la voie en avant.

Novembre 2005

Cuba

MAYABEQUE

LA HAVANE

Guanajay

Artemisa ✪

PINAR DEL RÍO

✪ Pinar del Río

ARTEMISA

San José
de las Lajas

Matanzas

MATANZAS

VILLA CLARA

Sagua
La Grande

Santa
Clara ✪

BAIE DES COCHONS

Cienfuegos
✪

Playa Girón

Cabaiguán

Fomento

Sancti
Spíritus ✪

ESCAMBRAY

Nueva Gerona

CIENFUEGOS

SANCTI SPÍRITUS

ÎLE DE LA JEUNESSE

N
O   E
S

| 0 | 50 | 100 | 160 kilomètres |

| 0 | | 50 | 100 miles |

États-Unis

Océan Atlantique

Floride

Golfe du Mexique

Bahamas

CUBA

Porto
Rico

Mexique

Belize

Jamaïque

Haïti

République
dominicaine

Honduras

Guatemala
Salvador

Mer des Caraïbes

Nicaragua

Costa Rica

Océan Pacifique

Panama

Colombie

Venezuela

Associations chinoises
à Cuba, 1874-1959

D'après une carte de la Fondation Fernando Ortiz

Martin Koppel/The Militant

Avec la permission d'Armando Choy

Avec la permission d'Armando Choy

En haut, à gauche. Entretien avec Armando Choy, février 2004.

En haut, à droite. Comme ambassadeur au Cap-Vert, 1991.

En bas. Comme membre d'un des tribunaux révolutionnaires qui ont jugé des centaines d'assassins et de tortionnaires du régime de Batista dans les mois qui ont suivi la victoire révolutionnaire de janvier 1959. À droite de Choy, dans l'ordre : le capitaine Miguel Duque Estrada et le commandant Víctor Bordón.

Armando Choy

NÉ EN 1934 À FOMENTO dans la province de Las Villas, Armando Choy Rodríguez déménage à Santa Clara avec ses parents quand il a 14 ans.

À la suite du coup d'État militaire de Fulgencio Batista en 1952, Choy se joint à l'organisation anti-Batista Joven Patria (Jeune patrie). Il est un membre fondateur du Mouvement du 26 juillet en 1955. Au début de 1958, il devient le chef provincial du Front étudiant de l'organisation dans la province de Las Villas et le chef de deux groupes d'action et sabotage. Il dirige un groupe armé qui participe à la grève générale nationale du 9 avril 1958. Ses actions révolutionnaires le font emprisonner à cinq reprises.

En mai 1958, il se joint à une unité de guérilla du Mouvement du 26 juillet dirigée par Víctor Bordón dans les montagnes de l'Escambray. Cette unité s'incorpore à la colonne 8 de l'Armée rebelle dirigée par le commandant Ernesto Che Guevara quand cette dernière arrive dans l'Escambray en octobre. Le 26 décembre de la même année, Guevara élève Choy au grade de capitaine, le deuxième titre le plus élevé de l'Armée rebelle. Choy participe aux combats de Mordazo, Manacas et Santo Domingo, qui culminent dans la bataille victorieuse de Santa Clara, la troisième ville la plus importante de Cuba.

Après la chute de la dictature le 1er janvier 1959, Choy fait partie des tribunaux révolutionnaires qui jugent les criminels de guerre du régime de Batista. Au milieu de 1959, quand sont créées les Forces tactiques de combat de l'Armée rebelle à l'est, au centre et à l'ouest du pays, Choy est nommé chef adjoint du Régiment d'infanterie de la région centrale. En 1960, il dirige les Milices nationales révolutionnaires de la province de Las Villas, où il aide à organiser la lutte contre les bandes contre-révolutionnaires.

Au début de 1961, Armando Choy devient maître de paie de la nouvelle Armée centrale. En avril, lors de l'invasion mercenaire que soutient Washington à la baie des Cochons et qui est défaite en 72 heures à Playa Girón, il est chef d'une des unités combattantes, le bataillon d'infanterie n° 345 de la province qui s'appelle aujourd'hui Sancti Spíritu.

Plus tard la même année, il est affecté à organiser et commander les divisions d'infanterie de Sancti Spíritu, puis de Trinidad. Ces deux unités participent à la campagne contre les bandes contre-révolutionnaires dans les montagnes de l'Escambray.

Promu commandant en décembre 1962, Armando Choy est transféré à la Défense antiaérienne et la Force aérienne révolutionnaire (DAAFAR) en avril 1963 et il devient chef de la brigade de défense antiaérienne de l'Armée occidentale. En 1973, il est nommé chef des forces antiaériennes et commandant adjoint des missiles de la DAAFAR. Il est nommé général de brigade en novembre 1976 et plus tard chef adjoint de la DAAFAR.

De 1980 à 1982, Armando Choy participe à la mission internationaliste en Angola. À son retour, il occupe des postes de direction dans la DAAFAR jusqu'en décembre 1986, quand il est nommé ambassadeur en République du Cap-Vert, poste qu'il occupe jusqu'en 1992.

De 1992 jusqu'à sa retraite en 2015, il préside le Groupe de travail de l'État pour l'assainissement, la conservation, le développement et le maintien de la baie de La Havane et de son bassin hydrographique. Il organise l'administration du port de La Havane et y représente le ministère des Transports.

Armando Choy se retire en 1992 du service actif dans les FAR. Il est membre fondateur du Parti communiste de Cuba et de l'Association des combattants de la révolution cubaine.

En haut, à gauche. Décembre 1987. Le général Gustavo Chui s'adresse à des soldats en Angola.

En haut, à droite. Entretien avec lui, février 2002.

En bas. Chui, à gauche, avec Fidel Castro à l'occasion de sa promotion au rang de général de brigade, 1980. Entre les deux se tiennent le général de division Francisco Cabrera et le général de brigade Linder Calzadilla.

Gustavo Chui

NÉ EN 1938 À SANTIAGO DE CUBA, Gustavo Chui Beltrán se joint au mouvement révolutionnaire à l'âge de 16 ans. Il est actif dans la clandestinité urbaine du Mouvement du 26 juillet à Santiago durant la première partie de la guerre révolutionnaire.

Au printemps de 1958, il rejoint l'Armée rebelle dans la Sierra Maestra, où il est affecté au troisième front dirigé par Juan Almeida. Il participe à de nombreuses batailles comme combattant de la colonne 3 dirigée par Guillermo García. Après la victoire révolutionnaire du 1er janvier 1959, il prend part à la caravane de la liberté de Santiago de Cuba jusqu'à La Havane.

Le 9 février 1959, il est affecté au camp militaire de Managua, à La Havane, sous le commandement de Juan Almeida, d'abord dans un bataillon d'infanterie, puis dans une compagnie blindée. En juillet 1959, il est envoyé en Belgique pour étudier l'armement d'infanterie. À son retour en septembre 1960, il devient technicien pour le département du Matériel de guerre au camp Managua. Par la suite, il devient chef de l'armement de la Force aérienne révolutionnaire.

En avril 1961, Gustavo Chui est nommé chef de l'armement dans la province de Pinar del Río, sous le commandant Ernesto Che Guevara. Il y a alors la responsabilité d'armer les unités des Milices nationales révolutionnaires et de l'armée qui combattent les bandes contre-révolutionnaires et se battent à la baie des Cochons.

L'année suivante, il devient chef de l'armement de l'Armée occidentale. En 1965, il est chef adjoint de la sous-direction de l'armement des Forces armées révolutionnaires. Il devient chef de la Direction de l'armement des FAR en 1968.

En 1972, il est nommé chef adjoint de la dixième Direction des FAR, l'unité responsable des missions militaires internationalistes de Cuba. En décembre 1975, après la mort au combat du commandant Raúl Díaz Argüelles en Angola, Gustavo Chui le remplace à la tête de la dixième Direction. Il est en même temps affecté à diriger le personnel du poste de commandement spécial des Forces armées révolutionnaires. Il y assiste le commandant en chef Fidel Castro et le ministre des Forces armées révolutionnaires Raúl Castro dans la conduite de la mission internationaliste cubaine en Angola.

En 1977, Chui est chef adjoint de la commission qui organise l'aide militaire donnée par Cuba au gouvernement de l'Éthiopie. Il participe aussi à établir des missions militaires cubaines au Mozambique et au Nicaragua.

Il devient général de brigade en décembre 1980. En 1981, il est nommé chef de la Direction des cadres des FAR, responsable des affectations et de la supervision des officiers des forces armées. De 1983 à 1986, il est chef adjoint de l'état-major général des FAR.

En 1986, il est envoyé en Angola comme chef adjoint de l'état-major de la mission militaire. En novembre 1987, il est nommé chef de l'Opération du trente-et-unième anniversaire du débarquement du *Granma*, dont la mission consiste à établir un renforcement pour la bataille de Cuito Cuanavale.

En décembre 1987, il est nommé chef de la brigade blindée 90 à Malanje. En mars 1988, alors qu'il dirige une opération de cette brigade dans le nord de l'Angola, il est grièvement blessé et perd une jambe quand son véhicule fait éclater une mine antichar.

Il se joint à l'Association des combattants de la révolution cubaine en 1990 quand celle-ci est mise sur pied comme projet pilote à Pinar del Río. De 1993, quand l'association se constitue officiellement à l'échelle nationale, jusqu'en 2011, il est chef du secrétariat des finances et de l'approvisionnement de sa direction nationale. Il se retire du service militaire actif en 1998.

Gustavo Chui est membre fondateur du Parti communiste de Cuba. Depuis 2008, il est président de la Fédération du casino Chung Wah, qui regroupe toutes les sociétés chinoises du pays.

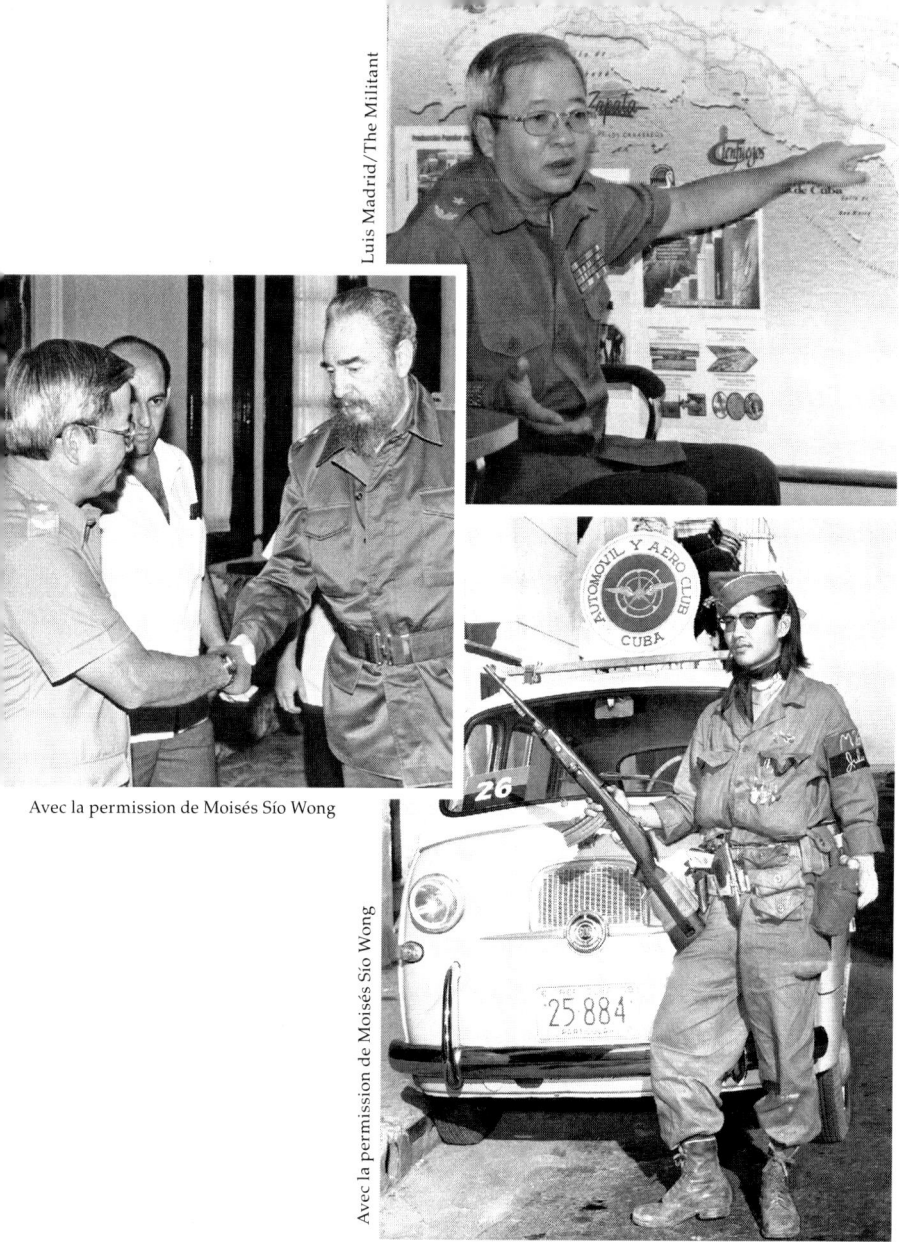

Luis Madrid/The Militant

Avec la permission de Moisés Sío Wong

Avec la permission de Moisés Sío Wong

En haut. Entretien avec Moisés Sío Wong, août 2005.

Milieu. Avec Fidel Castro lors d'un repas à l'ambassade de la République populaire de Chine à La Havane, mars 1996.

Bas. Comme membre de la colonne 8 de l'Armée rebelle, janvier 1959.

Moisés Sío Wong

NÉ EN 1938 DANS LA PROVINCE de Matanzas, Moisés Sío Wong déménage avec sa famille à La Havane en 1947. Il est étudiant au secondaire quand il se joint à la lutte contre la dictature de Batista et participe à des manifestations et d'autres actions de protestation. Il adhère au Mouvement du 26 juillet peu après sa fondation en 1955. Sous la direction de Gerardo Abreu (Fontán), il en dirige la première Brigade de jeunesse à La Havane.

En 1957, il rejoint l'Armée rebelle dans la Sierra Maestra. Il fait partie du peloton du poste de commandement de la colonne 1 que dirige Fidel Castro. Il participe aux combats qui repoussent l'offensive de l'armée de Batista en 1958. En août, il est affecté à la colonne 8 dirigée par Ernesto Che Guevara et participe à son avancée, de la Sierra Maestra jusqu'à la province de Las Villas.

Après la victoire révolutionnaire du 1er janvier 1959, Moisés Sío Wong est promu premier lieutenant et il est l'un des fondateurs de la police militaire de l'Armée rebelle.

Lors de l'invasion de la baie des Cochons organisée par Washington en avril 1961, il est chef de la septième division d'infanterie à Pinar del Río, sous le commandement de Che Guevara. Un fondateur de l'Armée occidentale en tant que premier officier des opérations, il travaille ensuite dans la

Défense antiaérienne et la Force aérienne révolutionnaire (DAAFAR). Parmi ses responsabilités, il y a celle de diriger la division du centre. En 1965, il est nommé adjudant auprès de Raúl Castro, ministre des Forces armées révolutionnaires, un poste qu'il occupe pendant sept ans.

Sío Wong participe en 1976 à la mission internationaliste cubaine en Angola en tant que chef de la logistique. Il devient général de brigade en novembre de la même année. De 1982 à 1985, il est chef de la Direction des cadres des FAR, qui a la responsabilité d'affecter et superviser les officiers des forces armées.

En 1986, il est nommé président de l'Institut national des réserves de l'État (INRE), un poste qu'il occupe jusqu'en 2010.

Membre fondateur du Parti communiste de Cuba, Sío Wong est aussi président de l'Association de l'amitié Cuba-Chine de 1992 à 2010.

En tant que membre de l'Assemblée nationale du Pouvoir populaire et de sa commission des Relations internationales, il est président du groupe parlementaire de l'amitié avec la Chine. Au début des années 1990, il joue un rôle central dans le lancement du programme d'agriculture urbaine qui finit par s'étendre à l'ensemble de Cuba. En 2003, il aide à initier un programme semblable au Venezuela.

Moíses Sío Wong est un membre fondateur de l'Association des combattants de la révolution cubaine. Il se retire du service actif en 1998, mais y revient en 2005. Il meurt en 2010.

PREMIÈRE PARTIE

« La différence réside dans une révolution socialiste »

Les Chinois à Cuba

Membres de l'Alliance nouvelle démocratie chinoise lors de l'Assemblée générale du peuple cubain à La Havane, le 2 septembre 1960. Organisé en réponse aux efforts de Washington pour mobiliser les gouvernements d'Amérique latine contre Cuba, ce rassemblement de plus d'un million de personnes a approuvé une réponse au gouvernement US connue comme la Première déclaration de La Havane. La bannière dit : « Les résidents chinois soutiennent la révolution cubaine et son dirigeant, Fidel Castro. »

Le 26 septembre 1960, Cuba a été le premier pays d'Amérique latine à reconnaître la République populaire de Chine et à rejeter les efforts de Washington pour isoler Beijing.

Trois révolutionnaires

MARY-ALICE WATERS : Tous les trois, vous faites partie de la génération de jeunes Cubains dont les luttes ont fait tomber à la fin des années 1950 la dictature de Batista soutenue par Washington et porté au pouvoir le premier gouvernement dans les Amériques qui lutte pour promouvoir les intérêts des classes travailleuses. Vous-mêmes, vous avez été transformés par la guerre révolutionnaire et par la lutte pour consolider et défendre le « premier territoire libre des Amériques. »

Comment êtes-vous devenus des cadres de la révolution ? Comment était-ce pour chacun d'entre vous de grandir dans le Cuba d'avant la révolution ? Quel genre de discrimination avez-vous subie en raison de votre origine chinoise ? Pourquoi vous êtes-vous intégrés au mouvement révolutionnaire ?

ARMANDO CHOY

ARMANDO CHOY RODRÍGUEZ : Je suis né en 1934 dans la petite ville de Fomento, dans ce qui était alors la province de Las Villas. Nous étions quatre : trois filles et un garçon.

Fomento était une région très riche en ressources agricoles et minérales, peut-être la plus riche de Cuba. Il y avait deux raffineries de sucre. C'était une importante région de culture de tabac et de café, ce qui est toujours le

45

cas. Il y avait beaucoup de bétail aussi, que l'on condui-
sait aux abattoirs des villes. Il y avait même des mines de
cuivre.

Il y avait une grande communauté chinoise. Certains
étaient très puissants au niveau économique. Plusieurs des
grands commerces appartenaient à des Chinois. Par exemple,
mon parrain et un autre Chinois étaient propriétaires du
stade de baseball de Fomento. Il possédait aussi plusieurs
magasins et maisons. Après 1959, les intérêts commerciaux
de mon parrain ont été affectés par les mesures sociales de la
révolution et il est parti aux États-Unis.

Mon père est né en Chine et je pense qu'il est arrivé à Cuba
vers 1918. Un oncle l'a fait venir. Celui-ci possédait un commerce dans la petite ville de Palos, dans la province de La
Havane, et il avait beaucoup d'argent.

Mon père était un cas peu commun. Il est venu à Cuba, retourné en Chine, puis revenu. Parmi les Chinois qui immi-
graient à Cuba, c'était très rare. Il est clair qu'il n'aurait pu le
faire si son oncle n'avait pas été aussi riche.

À la maison quand j'étais petit, on ne parlait que l'espagnol.
Mon père disait qu'on n'apprend pas à parler chinois à moins
de l'étudier à l'école.

Ma mère n'était pas chinoise. C'était une Cubaine, elle travaillait très fort. C'était une partisane fanatique d'Eduardo
Chibás, le chef du Parti orthodoxe. Mon père aussi l'admirait.
Tous les dimanches à 20 h, il écoutait le programme hebdo-
madaire de Chibás, qui avait commencé à être radiodiffusé à
la fin des années quarante.

Pour vous donner un exemple de la façon de penser de ma
mère, quand je lui ai dit que je partais me joindre à la lutte
armée contre Batista dans les montagnes, elle m'a seulement
dit : « Fais attention. » Elle ne m'a pas dit de ne pas y aller,
mais « Fais attention. »

Armando Choy, à gauche, sert une cliente dans le magasin de son père à Santa Clara, 1952 ou 1953.

Choy se rappelle un incident quand un homme est entré en pleurant. « Il voulait que je lui fasse crédit d'une livre de farine de maïs. Ce serait tout ce que sa famille mangerait ce jour-là. Je lui ai donnée.

« Celui-là ne va pas te payer, » m'a dit mon père.

« Peu importe, » j'ai répondu.

« Vous savez combien valait une livre de farine de maïs à l'époque ? Sept sous. Cet homme n'avait même pas sept sous ! »

C'est une des nombreuses expériences qui « m'ont convaincu de l'injustice qui existait à Cuba avant le triomphe de la révolution. »

Quand j'avais quatorze ans, en 1948, mes parents ont déménagé à Santa Clara, la capitale de la province de Las Villas. À l'époque, les provinces actuelles de Sancti Spíritus, Cienfuegos et Villa Clara ne formaient qu'une seule province. À ce moment, on ne pouvait étudier à Fomento que jusqu'en sixième année, pas plus. Nous avons déménagé à Santa Clara pour que je puisse poursuivre mes études.

MARTÍN KOPPEL : Que faisait votre famille ?

CHOY : Mon père était commerçant. Il avait son entreprise, une épicerie. Ensuite, il est devenu commis-voyageur, c'est-à-dire qu'il représentait diverses sociétés d'importation. Plus tard, quand nous avons déménagé à Santa Clara, il a ouvert un minimarché.

Durant cinq ans, j'ai travaillé de jour au magasin. Et le soir, je faisais mes études en comptabilité à l'école commerciale. La comptabilité ! Je n'avais pas la vocation. J'aurais voulu étudier l'histoire. Mais mon père, qui pensait à son commerce, m'a dit non.

Je me rappelle d'un incident qui s'est produit quand je travaillais au magasin de mon père. Un jour, autour de midi, un homme est entré dans le magasin. Je le connaissais parce qu'il passait toujours par là. Cette fois-ci, l'homme pleurait. Ce n'était pas du théâtre. Il voulait que je lui fasse crédit d'une livre de farine de maïs. Ce serait tout ce que sa femme, ses deux fils et lui mangeraient ce jour-là à midi, leur principal repas. Il voulait que je lui fasse crédit d'une livre de farine. Je la lui ai donnée.

Mon père m'a dit : « Celui-là ne va pas te la payer. »

« Peu importe, » je lui ai répondu.

Vous savez combien valait une livre de farine à l'époque ? Sept sous. Mais cet homme n'avait même pas sept sous !

Je me souviens d'un autre incident quand j'étais jeune qui a eu un impact sur moi.

J'étais allé à Fomento, je ne me rappelle pas si c'était pendant les vacances. Un ami y vivait. C'était le fils d'un Chinois très aisé. Sa mère était une Cubaine blanche. Il était le petit ami d'une jeune fille dont les parents étaient espagnols. Une nuit, il y a eu une fête en ville. Je me souviens qu'en approchant du quartier espagnol — dans chaque village, il y avait un quartier espagnol — il a dit : « Allons danser. » J'ai décidé de ne pas les accompagner, car réellement je n'ai jamais aimé danser.

Quand mon ami et cette jeune fille sont arrivés à la fête, on ne les a pas laissés entrer parce qu'il était chinois. C'était seulement pour les Blancs !

Cet acte discriminatoire m'a convaincu de l'injustice de la société qui existait à Cuba avant le triomphe de la révolution.

Dans la lutte révolutionnaire

WATERS : Quand avez-vous joint la lutte révolutionnaire ?

CHOY : Comme étudiant à Santa Clara. Le jour même du coup d'État de Batista, le 10 mars 1952.

Je me suis opposé au coup et je suis devenu membre d'une organisation anti-Batista. C'était avant l'attaque de la caserne de la Moncada[1]. À Santa Clara, il y avait deux groupes révolutionnaires. L'un s'appelait Acción Cívica Constitucional (Action civique constitutionnelle) et était dirigé par Osvaldo Herrera. Il y avait un autre groupe appelé Joven Patria (Jeune patrie) et dirigé par Benigno Piñeiro, qui a plus tard trahi le mouvement. J'étais membre de Joven Patria.

Je dis toujours que je suis *fidelista* depuis le 26 juillet 1953. Parce que ce jour-là, quand la radio a annoncé que le docteur

---

1. Pour l'attaque de la caserne Moncada et les références à d'autres événements et personnages historiques mentionnés au cours de l'entrevue, voir le glossaire. Celui-ci commence à la page 203.

Fidel Castro était le chef de l'attaque contre la Moncada, je me suis dit : « C'est lui l'homme dont nous, Cubains, avons besoin pour lutter contre la dictature. »

Pendant l'été de 1955, Frank País — qui à ce moment était le dirigeant national du Mouvement du 26 juillet à Santiago — est venu à Santa Clara pour y établir l'organisation. Je ne l'ai pas rencontré. Mais il s'est créé un Mouvement du 26 juillet dans la ville et la plupart des jeunes, nous y avons adhéré. Au niveau local, l'organisation était dirigée par Quintín Pino Machado. C'était un grand dirigeant et par la suite, il est comme nous devenu officier politique dans les Forces armées révolutionnaires.

J'étais un dirigeant étudiant et j'ai aidé à organiser des actions et du sabotage. J'ai participé aux luttes étudiantes, à des manifestations, à des grèves et à d'autres activités. J'ai été arrêté à plusieurs reprises.

ARRIN HAWKINS : Pour quelles raisons ?

CHOY : Dès le moment où j'ai adhéré au Mouvement du 26 juillet, je me suis de plus en plus orienté vers l'action, en commençant avec les tâches les plus simples comme peindre des slogans sur les murs contre le dictateur Batista et participer à des manifestations étudiantes. Au début, ces manifestations étaient relativement pacifiques. Mais plus tard, elles se terminaient le plus souvent en graves confrontations physiques avec le Service d'intelligence militaire (SIM) de l'armée et avec la police. Nous participions aussi à des sabotages et à d'autres actions, où on utilisait des cocktails Molotov et des grenades brésiliennes, lesquelles n'explosaient jamais.

Le résultat de cette participation personnelle à des activités révolutionnaires, c'est qu'on m'a mis en prison six fois. À deux reprises, j'ai été jugé par les Tribunaux d'urgence, qui m'ont acquitté [2].

---

2.   Voir glossaire : Tribunaux d'urgence.

Au début de 1958, on m'a nommé responsable provincial du Front étudiant du Mouvement du 26 juillet dans la province de Las Villas. C'était ce que je faisais avant le 9 avril, en plus d'être chef de deux groupes d'action et de sabotage.

WATERS : Le 9 avril 1958 est le jour où le Mouvement du 26 juillet a lancé un appel à la grève générale nationale contre la dictature[3]. Ce fut un échec total. Que s'est-il passé ce jour-là à Santa Clara ? Qu'avez-vous fait ?

CHOY : Ce matin-là, nous étions plusieurs groupes de jeunes travailleurs et d'étudiants à attendre des armes pour descendre dans la rue au moment du signal convenu, le carillonnement à onze heures des cloches de l'église La Pastora, afin de soutenir la grève les armes à la main. En réalité, seul un groupe, celui du quartier d'El Condado, a reçu des fusils. Un autre, celui des étudiants de l'école de commerce et qui était sous nos ordres, a reçu quatre pistolets.

Des camarades devaient faire sonner les cloches de l'église, mais ils ne l'ont pas fait. Le groupe d'El Condado et le nôtre, qui se trouvaient dans le quartier de La Pastora, sont sortis de toute façon. Les camarades d'El Condado ont courageusement affronté les forces de l'armée et de la police de la dictature. Plusieurs combattants clandestins aguerris sont tombés :

3. Voir glossaire : Grève générale du 9 avril. Des dirigeants de la clandestinité urbaine du Mouvement du 26 juillet décrivent les événements du 9 avril dans Armando Hart, *Aldabonazo : dans la clandestinité révolutionnaire cubaine, 1952-1958*, que les éditions Pathfinder ont publié en anglais et en espagnol en 2004. La réorganisation du Mouvement du 26 juillet suite aux événements du 9 avril est décrite dans le chapitre « Una reunión decisiva » dans Ernesto Che Guevara, *Pasajes de la guerra revolucionaria. Cuba 1956-1959*, La Havane, Editora Política, 2000, 2005. Ce chapitre s'intitule « A Decisive Meeting » dans l'édition en anglais du livre publiée en 1996 par les éditions Pathfinder sous le titre *Episodes of the Cuban Revolutionary War, 1956-58*.

Antonio Aúcar Jiménez, David Díaz Guadarrama et Héctor Martínez Valladares. Par la suite, un autre de ces valeureux combattants, Eduardo « Bayoya » García, a été capturé et assassiné par les tueurs à gage de la dictature.

Comme nous n'avions pas reçu le signal, la seule chose que notre groupe de combattants de l'école de commerce a réussi à faire a été de désarmer un policier.

Il est heureux que nos camarades n'aient pas fait sonner la cloche. Sinon, nous serions sortis pour faire obstacle au mouvement de l'armée et de la police avec seulement cinq armes de poing : quatre pistolets et le revolver que nous avions enlevé au policier. Nous aurions certainement été tués, car le désavantage des armes était trop important. J'étais jeune et ne me cassais pas trop la tête avec ça.

Par la suite, ma vie et mon travail sont devenus complètement clandestins.

Fin avril, le mouvement m'a transféré dans la ville de Cienfuegos. J'étais toujours caché à Santa Clara quand on m'a dit qu'Aleida March, une combattante remarquable qui s'est engagée dans les montagnes et a par la suite épousé Che Guevara, allait venir me voir tel jour. À ce moment, nous étions des camarades de la lutte clandestine. Elle est donc venue et m'a dit : « Choy, demain, on vient te chercher. » Je pense que c'était Morejón, un chauffeur qui travaillait près de ma maison et faisait partie du Mouvement du 26 juillet. Dans l'auto de Morejón, il y avait deux personnes de Sagua la Grande. L'une était Víctor Dreke. L'autre, un certain Garrido dont on avait tué un frère à Sagua. Ce Garrido était nul, un trouillard et demi qui est par la suite devenu un traitre. Dreke, comme nous le savons, est par contre un bon combattant et un camarade[4].

---

4. On peut lire le témoignage personnel de Victor Dreke sur cet épisode dans *De l'Escambray au Congo : dans le tourbillon de la révolution*

À Cienfuegos, nous avons été admis dans une clinique comme patients. Je me rappelle qu'un des infirmiers révolutionnaires qui s'appelait Víctor m'a nommé Armando Pi. « Pourquoi me donner ce nom espagnol ? ai-je demandé. Donnez-moi un nom de famille chinois, sinon ils vont me découvrir. »

Et Víctor m'a dit : « Écoute, s'ils te découvrent, de toute façon ils vont te tuer. Alors nous allons te laisser ce nom-là. »

De Cienfuegos, je suis parti dans les montagnes.

La lutte armée

KOPPEL : Que s'est-il passé après votre arrivée ?

CHOY : Un front du Mouvement du 26 juillet venait de s'ouvrir dans la sierra de l'Escambray, dirigé par le commandant Víctor Bordón. Je me suis joint à ce groupe de guérilleros le 9 mai 1958. J'étais le numéro 19 de la troupe du commandant Bordón. Je me suis joint au front comme simple combattant et en août Bordón m'a promu lieutenant.

Cette colonne de la guérilla a écrit un chapitre peu connu de l'histoire du Mouvement du 26 juillet à Las Villas. En réalité, nous avons livré six combats avant de nous intégrer à la colonne du commandant Che Guevara. Même mon premier San Cristobal, un fusil automatique, nous l'avons saisi lors d'une embuscade que nous avons tendue dans la région de Mandulo, située dans l'actuelle province de Cienfuegos.

Là, nous avons eu des frictions importantes avec une autre organisation, appelée le Deuxième front national de l'Escambray, qui a trahi le Directoire révolutionnaire et fait scission. La masse de ses soldats était bonne. Mais ses principaux officiers étaient des bandits et ils sont devenus des contre-révolutionnaires

---

cubaine, publié en anglais et en espagnol en 2002 par les éditions Pathfinder.

après 1959. C'est la réalité, comme les faits l'ont démontré. Ils ont fini parmi les forces de l'impérialisme.

En octobre 1958, nous avons reçu l'ordre de marcher vers l'est des montagnes pour nous joindre au Che, qui venait d'arriver avec sa colonne depuis la Sierra Maestra à l'issue d'une marche qui avait été très difficile [5]. Nous-mêmes avions fait une marche d'environ deux jours. Nous avons effectué cette marche avec beaucoup de précautions parce que nous pensions devoir affronter le Deuxième front de l'Escambray. Mais heureusement, il n'y a pas eu de confrontation. Il aurait été douloureux d'avoir des morts parmi les rangs des combattants révolutionnaires. J'ai été nommé chef adjoint de notre avant-garde, composée de 65 combattants dirigés par le capitaine Cente, Edelberto González.

Quand nous sommes arrivés dans une région appelée Las Piñas, le Che nous a adressé la parole. C'est là que nous avons commencé nos opérations conjointes.

En décembre, le Che m'a promu capitaine et m'a donné un peloton armé de 26 nouveaux combattants. Dans la colonne du Che, nous avons participé à plusieurs batailles qui

5. Référence à la marche effectuée en septembre et octobre 1958 par les colonnes de l'Armée rebelle dirigées par Che Guevara et Camilo Cienfuegos, depuis la Sierra Maestra dans l'est de Cuba jusqu'à la province centrale de Las Villas. À Cuba, on appelle « l'invasion » cet épisode de la guerre révolutionnaire.

On en trouve un compte rendu dans les chapitres intitulés « La ofensiva final. La batalla de Santa Clara » et « Apéndices » du livre de Guevara, *Pasajes de la guerra revolucionaria*, op. cit. Dans l'édition en anglais des éditions Pathfinder, ces chapitres portent les noms de « From Batista's Final Offensive to the Battle of Santa Clara » et « The Las Villas Campaign, September-December 1958. »

Voir aussi Luis Alfonso Zayas, *Soldat de la révolution cubaine : des canneraies de l'Oriente à général des Forces armées révolutionnaires*, publié en anglais et en espagnol par les éditions Pathfinder en 2011.

ont contribué à la libération de la province de Las Villas par l'Armée rebelle. Cette offensive a culminé dans la bataille de Santa Clara, qui s'est terminée le 1ᵉʳ janvier 1959 quand Batista a pris la fuite.

On m'a alors ordonné de me joindre à la marche vers La Havane avec la colonne de Bordón, qui a renforcé la colonne 2 commandée par Camilo Cienfuegos. Le 2 janvier, nous sommes arrivés à Matanzas et là, nous avons participé à la reddition du régiment de l'armée. Le même jour, nous sommes arrivés à La Havane, où nous avons aussi participé à la reddition du camp Colombia, le camp militaire le plus important de l'ancienne armée. Le lendemain, j'ai rejoint la colonne du Che.

WATERS : Est-ce que votre origine chinoise a eu un impact sur votre prise de conscience révolutionnaire ?

CHOY : Non, en réalité non. Il était évident, toutefois, que le fait d'être un enfant de Chinois a créé un attachement spécial envers la Chine et son peuple. Et j'admire énormément ce pays et son peuple héroïque et dévoué. Mais je me suis intégré au mouvement en tant que Cubain. Je pensais comme un Cubain et je pense comme un Cubain, pas comme si j'étais chinois.

J'étais coordonnateur du Front étudiant du 26 juillet dans l'ancienne province de Las Villas. Et les dirigeants cubains des autres écoles secondaires m'ont accepté comme un autre Cubain. Au sein du mouvement, il n'y avait aucun type de discrimination.

GUSTAVO CHUI

WATERS : Général Chui, vous avez grandi à Santiago de Cuba, dans l'Est de Cuba. Est-ce que votre histoire familiale est semblable à celle de Choy ?

GUSTAVO CHUI BELTRÁN : Non, elle a été très différente. À Santiago, il y avait un quartier chinois composé d'une quantité appréciable de Chinois et de leurs descendants, même s'il était plus petit que celui de La Havane.

Mon père, José Chui, faisait vie commune avec ma mère, Ana Hilda Beltrán, qui était pauvre et noire. À ma naissance, il y a eu un conflit entre eux, essentiellement parce que les compatriotes les plus proches de mon père s'opposaient à leur mariage à cause des préjugés raciaux de l'époque. C'était particulièrement le cas de son principal associé commercial, avec qui il avait une épicerie. Mon père et son associé ont décidé de demander aux tribunaux de changer mon acte de naissance. Je suis né en 1938, mais ils ont fait inscrire que j'étais né deux années plus tôt afin de me vieillir et pouvoir priver ma mère de son autorité parentale. Ils ont payé un avocat pour cela. Ma mère, une Noire pauvre, n'avait pas les ressources économiques pour l'empêcher. Ces démarches ont permis à mon père d'obtenir ma garde. Tout cela, je l'ai appris adulte, après la mort de ma mère.

À cette période, nous vivions à même l'épicerie, côte à côte avec les Chinois qui y travaillaient. Je restais essentiellement dans l'arrière-cour de la maison, sans sortir ni jouer avec les autres enfants. C'est pour cela que je n'ai appris à parler que le cantonais et non l'espagnol. Parmi d'autres raisons, ces mesures avaient pour objectif de me garder hors de la vue de ma mère.

Tout ceci se passait dans le quartier de Los Olmos à Santiago de Cuba, dont l'avenue principale s'appelait General Wood, aujourd'hui rebaptisée rue René Ramos Latour. L'établissement était situé en face de l'ancienne usine d'espadrilles Rubio, qui est aujourd'hui une filature.

Quand j'avais environ cinq ans, on m'a permis de sortir dans la rue pour la première fois et j'ai commencé à jouer avec d'autres enfants de mon âge. Mais ils ne me comprenaient pas, ni moi ne les comprenais. Ils me parlaient en espagnol et je répondais en chinois. Ils se moquaient tous de moi, ce qui m'a poussé à chercher un moyen d'apprendre l'espagnol. J'ai ainsi oublié le chinois. Même quand mon père me parlait en chinois, je lui répondais en espagnol.

Dans le milieu chinois, mon nom était Conchán. C'est aussi comme ça que les enfants m'appelaient. C'est sous ce nom que la plupart de mes amis et membres de ma famille à Santiago de Cuba me connaissent encore aujourd'hui.

Mon père n'a pas eu d'autres enfants à Cuba. Je sais qu'il en a eu d'autres en Chine avant de venir à Cuba, mais je ne sais rien d'eux. Par contre, ma mère a eu un autre fils, mon frère Jorge Luis qui vit à Santiago.

L'associé principal de mon père, Arsenio Hung, a eu une grande famille dont il me considérait le fils aîné, parce qu'à un moment de ma vie je l'ai aidé à élever ses enfants. À cause des changements d'emploi de mon père, j'ai aussi vécu de façon temporaire avec d'autres familles chinoises, également des associés de mon père. J'ai eu trois mères adoptives pendant mon enfance, si bien que j'ai de nombreux frères et sœurs d'adoption.

Mon père était commerçant, ce qui était le cas de la majorité des Chinois vivant à Santiago. Parmi les commerces les plus courants, il y avait de petits magasins, des cafétérias, des boulangeries, des buanderies, des bars et des kiosques de fruits et légumes.

Mon père et son associé, Arsenio, avaient une épicerie qui a fait faillite. Par la suite, ils ont acheté une boulangerie dans la Sierra Maestra, à un endroit appelé San José de Aserradero. Elle a également fait faillite.

Nous avons, mon père et moi, dû émigrer à La Havane, cette fois-ci à la demande d'un cousin, Rafael Wong, qui était propriétaire d'une confiserie rue Manrique. Elle est aujourd'hui devenue un jardin d'enfants. Le cousin a ensuite vendu la confiserie et a acheté un bar rue San Rafael, bar qu'il a à son tour vendu pour acheter la cafétéria Chan Li Po, rue

Virtudes. Dans cette famille, j'ai été élevé pendant deux ans par Barbarita, une de mes mères adoptives.

À La Havane, j'ai étudié à l'école Sara Madera et par la suite à l'école Campos, toutes les deux dans le quartier Lawton où résidait la famille du cousin de mon père.

WATERS : Est-ce que vous avez gardé quelque contact avec votre mère pendant votre enfance ?

CHUI : J'ai su par la suite qu'elle m'observait de loin. Elle craignait de rencontrer ma parenté chinoise, qui la menaçait pour l'empêcher d'avoir tout contact avec moi.

Je vivais à La Havane en 1945 quand s'est terminée la deuxième guerre mondiale. Je m'en souviens à cause de la chanson « Pin pin, c'est la chute de Berlin. Pon pon, c'est la chute du Japon. » Arsenio a alors demandé à mon père de revenir à Santiago parce qu'il avait une nouvelle boulangerie dans le quartier Sueño, La Cubanita. Elle existe toujours. Arsenio était alors marié et il avait plusieurs enfants en bas âge. C'est là où j'ai vécu une dizaine d'années. Ce fut l'une des périodes les plus stables que j'ai connues.

Mon père et son associé ont vendu cette boulangerie pour en acheter une autre dans le même quartier, appelée Las Américas. Elle aussi existe toujours. C'est là que j'ai commencé à aller à l'école épiscopale San Lucas, face au stade Maceo, où j'ai poursuivi mes études jusqu'en septième année.

Ces rachats et reventes de boulangeries étaient pratique courante pour mon père et Arsenio Hung, ce qui nous a fait parcourir une bonne partie de Santiago. Je peux encore citer La Moderna dans le secteur Sorribe et la Nueva China, proche du quartier espagnol d'Alto de Quinteros.

Cadre au sein du Mouvement du 26 juillet

HAWKINS : Qu'est-ce qui vous a attiré au mouvement révolutionnaire ?

CHUI : Mon père et ses associés chinois vivaient une vie relativement aisée et je n'ai pas connu de grandes difficultés. Mais j'ai toujours perçu le contexte social et politique qui m'entourait dans les différents quartiers où j'ai vécu. Des événements comme le coup d'État de 1952 dirigé par le dictateur Fulgencio Batista ont bouleversé la population et surtout les jeunes. Après l'attaque de la caserne Moncada, nous avons commencé à prendre conscience des injustices commises par ce régime sans pitié.

Je suis devenu membre du Mouvement du 26 juillet au début de 1957. Je faisais partie d'une cellule placée sous les ordres de Miguel Mariano Martínez Hierrezuelo, un grand combattant révolutionnaire qui est devenu capitaine au sein de l'Armée rebelle.

Au début, j'étais dans la branche action et sabotage. Les premières missions ont consisté à apporter de la nourriture et des médicaments aux révolutionnaires qui vivaient cachés ou étaient blessés. Par la suite, on a distribué de la propagande, posé des bombes artisanales et participé à d'autres activités qui exprimaient notre révolte et notre volonté de lutter pour renverser la tyrannie. J'ai effectué ce type de missions jusque peu avant la grève du 9 avril 1958, après quoi je suis allé dans la Sierra Maestra. Je me suis incorporé au troisième front « Mario Muñoz Monroy, » sous les ordres du commandant Juan Almeida Bosque.

Il faut noter que cette nouvelle tâche, c'est une de mes mères adoptives, Lidia Wanton, qui m'y a conduit. Elle était mariée avec un des amis chinois de mon père, Antonio Fong, et celui-ci était propriétaire d'une ferme dans la Sierra Madre appelée El Lucero. Sous l'insistance de son fils, qui était déjà membre du troisième front, elle est venue me chercher à Santiago.

À mon arrivé dans la Sierra, je me suis présenté au capitaine Enrique López, au campement La Anita. Je me suis intégré aux soldats du lieutenant Idelgarde Rivaflecha, connu sous le nom de Jabao Cuchillo. À la fin de l'offensive lancée par l'armée de Batista contre l'Armée rebelle à l'été de 1958, je me suis intégré à la colonne 3 « Santiago de Cuba », sous les ordres du commandant Guillermo García[6].

En tant que membre de cette colonne, j'ai participé à différentes batailles et autres escarmouches, dont la prise de Palma Soriano qui a amorcé la préparation de l'attaque contre Santiago de Cuba. Le 1er janvier, alors que la colonne se dirigeait vers son objectif et que nous étions au village d'Escandel, nous avons appris la capitulation de l'armée du tyran.

Déjà victorieux, nous sommes entrés dans Santiago et, la nuit du 1er janvier, mon peloton a reçu l'ordre d'assurer la garde du parc Céspedes. C'est de là que le commandant en chef s'est adressé à la population de Santiago de Cuba et à toute la nation.

6.   Profitant de l'avantage acquis suite à l'échec de la grève du 9 avril 1958, l'armée de Batista a déployé 10 000 soldats dans la Sierra Maestra dans le but d'annihiler les forces révolutionnaires. Les combattants de l'Armée rebelle, qui n'étaient que 300 au début de l'offensive à la fin mai et n'avaient que 200 fusils en état de servir, ont tenu le coup et fini par vaincre cette offensive à la fin juillet.

On trouve des comptes rendus de cet épisode dans le chapitre intitulé « La ofensiva final. La batalla de Santa Clara » dans Guevara, *Pasajes de la guerra revolutionaria*, op. cit., ainsi que dans le livre de Hart, *Aldabonazo: en la clandestinidad revolucionaria cubana*, p. 242-246. Dans les traductions en anglais des éditions Pathfinder, ces passages correspondent au chapitre « From Batista's Final Offensive to the Battle of Santa Clara » d'*Episodes of the Cuban Revolutionary War* de Guevara et aux pages 240-243 d'*Aldabonazo: Inside the Cuban Revolutionary Underground* de Hart. Voir aussi Fidel Castro, *Les chemins de la victoire*, Michel Lafon, Neuilly-sur-Seine, 2012.

Les livres *Aldabonazo* d'Armando Hart et *Les femmes à Cuba : une révolution dans la révolution* de Vilma Espín et Asela de los Santos, ce dernier publié en anglais et en espagnol par Pathfinder en 2012, décrivent le mouvement révolutionnaire clandestin à Santiago.

La Caravane de la liberté a ensuite pris la route vers La Havane, avec Fidel à sa tête[7].

MOISÉS SÍO WONG

WATERS : Général Sío Wong, vous avez été élevé à La Havane. Je suppose que l'histoire de votre famille est différente de celles des généraux Choy et Chui. Est-ce exact ?

MOISÉS SÍO WONG : Oui, mon père est arrivé à Cuba en 1895. Il est venu avec sa première épouse. Il a eu son premier fils en Chine, mon frère aîné. Mon père a laissé mon frère en Chine avec notre grand-mère et il est venu ici avec sa femme.

WATERS : Dans quelles circonstances est-il venu ?

SÍO WONG : Il a simplement réuni l'argent, acheté les billets et est venu. Il s'est établi dans la province de Matanzas, où il y avait une grande communauté chinoise. Il avait un petit magasin, une épicerie, dans un village qui s'appelle San Pedro de Mayabón dans la municipalité de Los Árabos.

Avec sa première femme, il a eu cinq enfants. Un là-bas en Chine et quatre ici. Ensuite il est devenu veuf. Parmi les paysans, il était coutume de dire : « Envoyez-lui une épouse. » Il en a alors fait la demande. Ce fut ma mère. Elle avait 15 ans. À ce moment, les fils de mon père à Cuba avaient 14, 13, 12 et 11 ans. Autrement dit, ma mère avait un an de plus que l'aîné des enfants à sa charge.

Il faudrait donner une médaille à ma mère. Une héroïne. Elle lui a donné neuf enfants. De plus, elle a élevé

7. Du 2 au 8 janvier 1959, Fidel Castro a conduit de la Sierra Maestra à La Havane une colonne victorieuse de l'Armée rebelle. Surnommée la Caravane de la liberté, elle a été accueillie dans les villes et villages de l'île par des rassemblements de masse où les gens voulaient rencontrer les « hommes de la Moncada. »

les quatre enfants du premier mariage. Quand je suis né en 1938, il y avait déjà 11 enfants à la maison. J'étais le numéro 12.

Pendant les premières années de ma vie, nous habitions à San Pedro de Mayabón. C'était un petit village, où vivaient surtout des paysans. Je n'allais pas à l'école, mais j'ai appris à lire et à écrire à la maison. Ma soeur aînée, Angelita, était instruite et me donnait des cours. De plus, j'ai appris à additionner et à soustraire, à faire de l'arithmétique.

À la maison, on parlait surtout chinois. Mais j'ai aussi appris à parler espagnol. Parce que même si je n'allais pas à l'école cubaine, je jouais avec d'autres enfants qui n'étaient pas chinois. Plus tard, en grandissant, je n'ai plus utilisé le chinois et j'ai commencé à l'oublier.

En 1947, j'avais alors neuf ans, mon père a fait une hémorragie cérébrale qui l'a rendu invalide. La famille a déménagé ici, à La Havane, afin de mieux pouvoir s'occuper de lui.

Mon beau-frère, qui était chinois, était aussi très riche. Il s'est marié avec ma soeur Isabel en 1942, 1943. Je me souviens du mariage, le plus imposant que j'ai vu de ma vie. Il y avait des Chinois de tous les coins de Cuba à ce mariage. De grands camions venus de La Havane, chargés de bière, gâteaux, sucreries et autres gourmandises. Je me souviens que le gâteau de noces avait sept étages. J'étais un enfant mais je m'en rappelle encore. Ce monsieur, le mari de ma soeur, était à Cuba le secrétaire du Kuomintang, le Parti nationaliste chinois, le parti de Tchang Kaï-chek. C'était un important homme d'affaires, bourré d'argent.

Mon beau-frère a ouvert un restaurant ici à La Havane, à l'angle des rues San Lázaro et Crespo, un bar-restaurant où nous avons tous travaillé, mes frères et moi. Nous étions payés un salaire de misère.

Le salaire minimum à l'époque était de 60 pesos par mois. Mon frère m'a raconté par la suite que, selon les registres, nous étions payés 60 pesos. Mais il payait les adultes au plus 45 pesos, parfois seulement 30. Et nous, les enfants, il ne nous payait pas. Il nous donnait 20 sous pour aller au cinéma le dimanche. C'était comme ça.

Moi, je pensais que le bar était à mon frère. Mais c'est mon beau-frère qui a fait la mise de fonds et il exploitait toute la famille.

Je l'ai appris quand je suis revenu à la fin de la guerre révolutionnaire. À ce moment, j'ai dit à ma mère : « Benito nous exploite. »

« Non, a-t-elle répondu. Il faut le remercier d'avoir avancé l'argent, d'avoir mis le commerce sur pied, de nous avoir donné du travail. »

C'était une façon de voir la chose, non ? Qu'il avait aidé la famille en mettant sur pied le commerce. L'autre façon, la mienne, c'était qu'il nous exploitait. Mes frères et moi, nous faisions le travail et lui, il s'enrichissait. Mais cela, je ne l'ai compris complètement qu'après le triomphe de la révolution : « l'exploitation de l'homme par l'homme. »

Nous sommes venus à La Havane et j'ai terminé l'école primaire en deux ans. À mon arrivée, je savais déjà lire et écrire. J'ai passé un examen et ils m'ont mis en troisième année. Pendant les vacances d'été, ma sœur a embauché une enseignante pour me donner des cours et j'ai fait le saut en sixième année. Et pendant les vacances suivantes, la même enseignante m'a préparé et j'ai réussi l'examen d'entrée au secondaire. C'est ainsi que j'ai fait mon primaire en deux ans. Il a même fallu ajouter une année sur mon certificat de naissance, car je n'avais que 11 ans et les écoles exigeaient un minimum de 12 ans pour s'inscrire.

Je suis allé un an dans un collège privé et en 1951 je me suis inscrit à l'Institut des études secondaires n° 1 de La

Havane. C'est là que j'étais quand Batista a fait son coup d'État, le 10 mars 1952.

Adhésion au mouvement révolutionnaire

KOPPEL : Comment avez-vous adhéré au mouvement révolutionnaire ?

sío wong : À Cuba, les étudiants ont toujours été à l'avant-garde des luttes révolutionnaires. Ce même 10 mars, les étudiants de l'Université de La Havane, avec à leur tête des jeunes comme Fidel Castro et José Antonio Echeverría, ont vigoureusement protesté contre le coup d'État. C'est ainsi que la lutte contre la dictature a commencé.

À l'Institut des études secondaires, il y avait un important mouvement étudiant, très lié aux étudiants de l'Université de La Havane. Un groupe d'étudiants du secondaire m'a vite gagné à leur cause. Moi, je ne savais rien de la politique, j'étais jeune. Mais à ce moment, dans cet environnement, j'ai commencé à manifester mes sentiments de mécontentement. Avec d'autres jeunes, nous sommes devenus actifs dans la lutte étudiante au secondaire.

Nous avons ainsi commencé à participer à des manifestations contre la dictature avec les étudiants de l'Université de La Havane. Après l'attaque de la Moncada le 26 juillet 1953, ces liens se sont renforcés.

Historiquement, l'Université de La Havane avait participé très activement aux luttes pour l'indépendance, ainsi que dans la révolution de 1933[8]. Fidel et beaucoup d'autres dirigeants sont le produit de ces batailles à l'université.

Avant le 26 juillet, nous avions des liens avec l'aile gauche du Parti orthodoxe, à laquelle appartenait Fidel. C'est là que

8.   Voir Glossaire : Révolution de 1933.

j'ai connu un groupe de révolutionnaires, entre autres Ñico
López et Enio Leyva, et que je me suis engagé.

Avec un groupe de jeunes qui vivaient dans le quartier de
la Punta, nous avons organisé un cycle de conférences que
nous appelions « conférences civiques. » Ñico López les donnait. Par la suite, il a participé à l'attaque de la Moncada et
est mort peu de temps après le débarquement du *Granma*.
Ñico était un ouvrier, grand, maigre, très modeste, humble.
Ces conférences avaient une orientation politique révolutionnaire. Elles se donnaient dans le local du Parti orthodoxe, au
109 de la rue Prado, ce grand boulevard bordé d'arbres, ici à
La Havane. Comme je le disais, le Mouvement du 26 juillet
n'existait pas encore. Au sein du Parti orthodoxe, il y avait
déjà un groupe de gauche dirigé par Fidel et une poignée de
jeunes, entre autres Ñico López, Juan Manuel Márquez, Enio
Leyva et René Rodríguez.

Après l'attaque de la Moncada, le Mouvement du 26 juillet
a été fondé en 1955 et nous y avons adhéré. Ici à La Havane,
les Brigades de jeunesse du 26 juillet ont été créées, formées
en grande partie d'étudiants et de jeunes ouvriers. C'est Gerardo Abreu (*Fontán*), un révolutionnaire remarquable avec une
grande capacité organisationnelle, qui les dirigeait. C'était un
camarade intègre, dévoué, un Noir. Les brigades se consacraient
fondamentalement à la propagande, à peindre des slogans sur
les murs, à briser des vitrines, à lancer des cocktails Molotov, à
effectuer de petits sabotages de ce type. Fontán m'a nommé
chef de la première brigade créée dans le quartier de La Punta.

En 1957, la répression était déjà intense à La Havane et on
a décidé que je devrais partir pour la Sierra Maestra. Je me
rappelle que c'était le 4 juillet, jour de l'indépendance des
États-Unis. Je marchais dans la rue et j'entendais diffuser à
la télévision une cérémonie où on jouait l'hymne national
des États-Unis.

Au début, je suis resté à Bayamo où j'ai attendu plusieurs mois, de juillet jusqu'à la fin novembre, avant de recevoir l'autorisation de monter à la Sierra. Entre-temps, je vivais dans la clandestinité. Je me faisais passer pour le neveu d'un Chinois propriétaire d'une buanderie.

Finalement, j'ai rejoint la colonne de Fidel en novembre 1957.

Membre de l'Armée rebelle

WATERS : Que s'est-il passé quand vous êtes arrivé dans la Sierra ?

SÍO WONG : Juste à ce moment, la guérilla traversait une situation critique.

Le mouvement avait obtenu pour moi un uniforme, des bottes et un hamac. Tout, sauf une arme. Mais je suis monté à la Sierra avec trois camarades de Manzanillo, des paysans, qui n'avaient rien avec eux. Autrement dit, ils se joignaient aussi à l'Armée rebelle, mais n'apportaient aucun ravitaillement, aucun vêtement.

J'avais une lettre. Mais pas de Fontán, qui était mon supérieur immédiat et de qui j'aurais dû en avoir une. J'en avais une d'un expéditionnaire du *Granma*. Ce camarade était descendu de la Sierra malade et nous l'avions caché dans une maison. Pour nous, il était un dieu, un héros.

« Ne t'en fais pas, m'avait-il dit. Je te donne une lettre pour Fidel et tu n'auras aucun problème. » Et il m'a écrit une note pour Fidel. « Je t'envoie Sío Wong, qui est plutôt brûlé ici dans la lutte révolutionnaire, » etc. Signé Untel. Et je pensais qu'avec cette note, je n'aurais pas de problèmes majeurs.

Monter dans la Sierra m'a demandé beaucoup d'efforts. J'ai grandi en ville. J'étais étudiant. De plus, je venais d'avoir une grippe trois ou quatre jours auparavant et j'étais très faible. À l'ascension du premier coteau, je me suis évanoui. Le guide voulait m'abandonner là et je lui ai dit : « Écoute, si tu me laisses ici sur le chemin, je vais écrire à Fidel et tu seras fusillé. Tu dois m'amener dans la Sierra. » Il est donc allé emprunter un cheval à une veuve, une paysanne qui vivait là, et il m'a fait monter sur le cheval. C'est ainsi que je suis arrivé dans la Sierra Maestra.

Quand je suis arrivé au poste de commandement de Fidel, un camarade s'est exclamé : « Fidel, il y a même un Chinois ici ! » C'est comme ça qu'on m'a reçu.

Ils sont entrés dans une petite maison pour donner la lettre à Fidel. J'avais toujours imaginé que les camarades allaient me recevoir à bras ouverts.

« Ainsi, vous êtes brûlés dans la lutte clandestine, » a-t-il dit en sortant. « Voyons ça, d'où venez-vous ? »

Les autres ont répondu : « Non, nous sommes de là-bas, de Calicito. Nous avons fait brûler quelques champs de canne à sucre. »

Justement ces jours-là, Fidel avait envoyé un peloton mettre le feu à la canne dans cette région. « Alors, c'est vous qui avez brûlé la canne de Calicito ? Et pourquoi est-ce que j'ai envoyé le capitaine Basante là-bas avec un peloton ? »

Je ne sais pas, mais il semble vrai qu'ils avaient mis le feu à des plantations. Mais Fidel avait un peloton expressément chargé de remplir cette mission dans cette région.

Et à moi, il a demandé : « Et toi alors, c'est cet Untel qui t'envoie ? »

« Oui, commandant. »

« Il se prend sûrement pour un héros. Il doit se la couler très douce avec cette histoire de participation à l'expédition du *Granma*, au lieu d'être ici avec nous. »

« Et vous, a poursuivi Fidel, vous pensez que c'est une ambassade ici ? Vous faites un petit truc et vous venez vous réfugier. Vous n'apportez ni arme, ni uniforme, ni bottes, ni nourriture, vous n'apportez rien. »

« Cresencio ! » a-t-il crié. Cresencio Pérez était un paysan de l'arrière-garde. « Cresencio, enferme-les et rien que du riz pendant trois jours. »

Je me sentais vraiment très mal : je n'en revenais pas. J'étais convaincu que je serais reçu à bras ouverts et c'était tout le contraire.

Le lendemain, nous étions au bord de la rivière quand Fidel est passé. Il nous a demandé pardon. « Excusez-moi pour la façon dont je vous ai traités hier. Mais c'est parce qu'Untel m'a fait une merde. Je lui ai donné un ordre et il ne l'a pas exécuté. Et nous sommes dans une situation critique avec la nourriture, les vêtements, l'armement. Nous n'avons pas d'armes. Si vous le souhaitez, rentrez chez vous. Quand les conditions se seront améliorées, vous pourrez revenir. »

Alors j'ai dit : « Commandant, je ne peux pas retourner à La Havane. Je suis poursuivi là-bas. »

Les trois autres jeunes sont redescendus, mais je suis resté. Je me suis intégré à la colonne 1 sous les ordres de Fidel et après un certain temps, j'ai fini par être affecté à son poste de commandement à La Plata. J'y suis resté jusqu'au début de l'offensive d'été de l'armée de Batista en 1958.

Une mission clandestine

WATERS : Pendant que vous étiez au poste de commandement, on vous a confié une mission clandestine à La Havane, c'est bien ça ?

SÍO WONG : Oui. Vers la fin du mois de janvier 1958, Fidel avait l'intention d'envoyer quelqu'un trouver Gerardo Abreu (*Fontán*) pour le faire sortir de La Havane où il faisait face à un danger imminent et le ramener dans la Sierra. Comme j'étais de La Havane, le camarade René Rodríguez, un des expéditionnaires du *Granma,* a proposé à Fidel que je les accompagne. Ces jours-là s'est produite la deuxième bataille de

Pino del Agua et je n'ai pu partir. La bataille a eu lieu les 4 ou 5 février. Et le 7 février nous est parvenue la nouvelle qu'on avait assassiné Fontán.

Fontán était un dirigeant des Brigades de jeunesse du 26 juillet, très intègre, très courageux, un camarade extraordinaire. Il connaissait toute l'organisation de la zone de La Havane, mais les hommes de Batista n'ont pu lui arracher aucune information, même en le torturant sauvagement.

Ça m'a fait doublement mal car Fontán avait été mon premier chef au sein du mouvement. Il a toujours été pour moi l'exemple du révolutionnaire. De plus, je savais que Fidel allait me demander d'aller le chercher.

Quelques jours plus tard, j'ai reçu la mission d'aller chercher Sergio González à La Havane. Nous le connaissions tous sous le nom d'*El Curita*, le petit curé. Il était le chef de la section action et sabotage ici dans la capitale. Lui aussi, un homme très recherché.

À ce moment, on organisait aussi le départ des colonnes de Raúl Castro et de Juan Almeida pour ouvrir les deuxième et troisième fronts. Ce n'est donc pas avant le 10 mars que j'ai pu partir. Je me souviens avoir justement profité des célébrations entourant l'anniversaire du coup de Batista pour descendre de la Sierra, aller à Bayamo avec nos contacts et ensuite entrer à La Havane.

J'ai rencontré El Curita un soir dans un parc du quartier La Vibora, en face du cinéma Mónaco. Les souvenirs de cette entrevue sont ineffaçables. Je lui ai transmis l'ordre de Fidel de m'accompagner à la Sierra étant donné qu'il était tellement recherché par les autorités.

« Dis à Fidel de me pardonner si je n'obéis pas son ordre, m'a dit Sergio González. Mais en tant que chef de la section action et sabotage et dans une situation aussi compliquée, je considère que je ne peux partir et abandonner mes hommes.

Je suis certain qu'il comprendra. Dis-lui que je le remercie de s'être préoccupé de ma sécurité. »

Il a été impossible de le convaincre.

Ma rencontre avec Sergio González a eu lieu le 13 mars. Je dois avoir pris le chemin du retour le 14 mars. Quand j'ai informé Fidel que je n'avais pas pu exécuter la mission, ça lui a fait beaucoup de peine parce qu'il savait qu'ils allaient tuer El Curita. De fait, il a été assassiné le 19 mars. C'étaient des cadres courageux, qui avaient fait leurs preuves, très précieux, et Fidel voulait éviter qu'on les tue.

Fidel savait que la lutte clandestine était très difficile à la ville. Fontán a été victime d'une délation. Celui qui l'a fait circulait sans arrêt dans une auto de police banalisée, jusqu'au jour il l'a vu dans la rue. C'est ainsi qu'ils ont capturé Fontán.

Ce sont des cas que je prends toujours comme exemples de l'attention que prêtait Fidel aux cadres et aux hommes quand il dirigeait une bataille. Il se préoccupait d'eux afin de réduire les pertes au maximum. Mais c'est aussi un exemple qui montre comment ces hommes assumaient leurs responsabilités.

Fontán savait qu'il était très recherché. C'est même lui qui m'a envoyé dans la Sierra. « Tu sais, m'a-t-il dit, tu es très recherché. Tu dois partir. » Lui, cependant, est resté à La Havane. El Curita aussi. Malgré l'ordre de Fidel, il est resté ici. Cela démontre aussi le sens des responsabilités qui les animait. Ceci est vrai de beaucoup d'autres, à commencer par Fidel. Il existe une lettre que des combattants de la Sierra ont écrite à Fidel pour lui demander de ne pas participer directement aux combats. Parce qu'il y a eu une époque où il prenait beaucoup de risques[9].

---

9. Cette lettre est reproduite à la fin du chapitre intitulé « Pino del Agua II » dans le livre de Guevara, *Pasajes de la guerra revolucionaria*, op. cit. Dans l'édition en anglais de Pathfinder, *Episodes of the Cuban Revolutionary War*, il s'agit du chapitre « The Second Battle of Pino del Agua. »

Je considère que la lutte la plus difficile, c'est la lutte clandestine urbaine, où l'ennemi a tous les avantages. Ce n'est pas comme dans la montagne, où c'est le guérillero qui a l'avantage. C'est lui qui tend l'embuscade. Mais ici dans la ville, c'est l'ennemi qui a l'avantage. C'est ici, à La Havane, que ça a été le plus difficile.

KOPPEL : Vous avez mentionné l'offensive de l'armée de Batista dans la Sierra Maestra pendant l'été de 1958. Que faisiez-vous pendant ces mois ?

SÍO WONG : J'étais avec Fidel au début de l'offensive. Il m'a envoyé avec une mine — une de ces bombes de cent livres que l'aviation ennemie larguait et que nous récupérions pour en faire des mines — pour arrêter les renforts de l'offensive qui avaient débarqué au sud de la Sierra Maestra, près de Palma Mocha. Le bataillon d'élite *Los Ligeros*, sous les ordres du commandant Quevedo, se trouvait assiégé à El Jigüe et Batista a envoyé des renforts pour briser son encerclement. Fidel m'a envoyé avec une escouade de la colonne du Che pour nous intégrer au peloton du capitaine Ramón Paz.

Ces renforts ennemis n'ont pu se rendre. Ils ont été repoussés par le peloton du capitaine Andrés Cuevas, dans un combat décisif où ce vaillant officier a perdu la vie.

Dans la colonne du Che

C'est ainsi que nous avons vécu l'offensive, participant à plusieurs combats comme la bataille d'El Jigüe, que Fidel lui-même a dirigée[10]. J'ai aussi participé à celle de la Casa de Piedra, à Providencia, où est tombé le capitaine Ramón Paz ; et celle de Joval,

---

10. La bataille d'El Jigüe, du 11 au 20 juillet 1958, a constitué une victoire décisive pour l'Armée rebelle. Elle a marqué la défaite de l'offensive gouvernementale dans la Sierra Maestra.

où est mort le commandant René Ramos Latour (*Daniel*). À la fin de l'offensive, je suis resté dans la colonne du Che.

À la fin du mois d'août, Fidel a donné pour mission au Che et à Camilo d'organiser deux nouvelles colonnes. La colonne 8 « Ciro Redondo » du Che, qui irait vers le centre du pays. Et celle de Camilo Cienfuegos, la colonne 2 « Antonio Maceo », qui avait pour mission de se rendre jusqu'à Pinar del Río, la province la plus à l'ouest de l'île [11].

Le choix de ces deux chefs par Fidel a été magistral, étant donné les caractéristiques de chacun. Le Che décrit Camilo comme un combattant d'une créativité extraordinaire, un chef de guérilla né. Camilo disposait de soldats qui avaient passé plusieurs mois dans les plaines de Bayamo, là-bas dans l'Oriente, dans des opérations contre les troupes de la tyrannie. Ils avaient l'expérience du combat dans les plaines. Nous, nous connaissions le combat en montagne, mais pas dans les plaines. Camilo avait aussi des soldats qui étaient des vétérans de la guerre, la majorité des plus de 90 combattants qui sont partis, avec des armes automatiques. C'est pour cela que Camilo a reçu cette mission.

Le Che, lui, a formé une colonne de quelque 140 hommes, avec l'armement que nous avions pu récolter. La colonne incluait un groupe d'officiers et de chefs de peloton et d'escouade qui étaient depuis longtemps dans la Sierra Maestra. Mais il y avait aussi un groupe important, à peine sorti de l'école de recrues de Minas del Frío [12]. Autrement dit, c'était des bleus, sans grande expérience de combat.

11. En octobre, Fidel Castro a ordonné à la colonne 2 de rester dans la province de Las Villas et de coordonner ses opérations avec la colonne 8.

12. En avril 1958, Che Guevara a contribué à mettre sur pied une école de recrues de l'Armée rebelle dans la Sierra Maestra. Ceux qui s'y

Moi, j'étais dans l'avant-garde. Notre peloton était composé des combattants les plus expérimentés et nous avions des armes automatiques. J'étais dans la deuxième escouade.

Avant de partir, le Che nous a tous réunis et nous a exposé notre mission. Il nous a dit que même s'il ne devait rester qu'un seul combattant, ce dernier devait arriver au but et accomplir la mission que Fidel nous avait confiée.

Je pense que Fidel a choisi le Che pour organiser la lutte au centre de l'île pour deux raisons. En premier lieu, à cause de l'importance qu'avait le centre de l'île et de la possibilité de couper en deux les troupes de la tyrannie. En deuxième lieu, parce qu'il y avait les forces de quatre organisations dans la province de Las Villas : celles du Mouvement du 26 juillet, sous la direction de Víctor Bordón ; celles du Directoire révolutionnaire, le groupe des étudiants, que dirigeait Faure Chomón ; celles du Parti socialiste populaire, qui avait une unité dans le nord de la province sous la direction de Félix Torres ; et celles du Deuxième front national de l'Escambray, qui avait fait scission du Directoire révolutionnaire et avait des liens avec l'Organisation authentique.

L'objectif de Fidel était d'unifier ces forces pour réussir à couper l'île en deux. À cause de ses capacités politiques, le Che était l'un de ceux qui pouvaient le faire. Le Che réunissait les capacités politiques d'un homme d'une intelligence supérieure et de l'homme d'action. C'était un combattant et un penseur.

Nous avons effectué l'invasion du centre de Cuba dans des conditions très difficiles. Ça nous a pris 45 jours pour arriver

---

rendaient recevaient un entraînement militaire, ainsi que des cours d'alphabétisation et de formation politique.

à l'Escambray. Onze camarades ont dû abandonner la colonne car ils n'avaient pas la force de continuer. La dictature en a assassiné certains.

Nous avions les pieds couverts de plaies, pas seulement à cause des 500 kilomètres parcourus, mais parce que nous avions dû traverser la zone marécageuse qui couvre tout le sud de la province de Camagüey. Là, ni chevaux, ni autos ne pouvaient passer, rien. Nous marchions dans des conditions très difficiles. Dans les montagnes, la guérilla a l'avantage. Mais dans les plaines, c'est l'ennemi parce qu'il peut se déplacer avec facilité. De plus, l'ennemi connaissait le terrain.

Quand je me sentais défaillir, je regardais le Che qui n'avait plus de médicaments pour son asthme. Je voyais cet Argentin, asthmatique, prêt à mourir pour Cuba. S'il pouvait le faire, pourquoi pas moi ? Cela me donnait la force de continuer. D'autres camarades aussi m'ont aidé, car parfois je n'arrivais presque plus à porter mon fusil. Et je ne portais qu'une carabine M-1, qui est très légère. J'étais un jeune élevé en ville et je pesais moins de cinquante kilos.

C'est ainsi que nous sommes arrivés dans l'Escambray, en octobre 1958.

HAWKINS : Que s'est-il passé quand vous y êtes arrivés ?

SÍO WONG : En premier lieu, nous sommes tombés sur les forces du Deuxième front national de l'Escambray, sous le commandement de Jesús Carreras. Nous avons trouvé un panneau à l'entrée du chemin qui disait : « Accès interdit aux troupes n'appartenant pas au Deuxième front. » C'était signé par Carreras.

Ils avaient une attitude provocatrice et savaient que notre colonne arrivait.

Víctor Bordón avait déjà envoyé deux officiers à notre rencontre. Ils nous ont guidés dans la dernière partie du trajet et nous ont informés de la situation créée par le Deuxième front.

Le Che a réussi à unir les forces du Directoire révolutionnaire, du 26 juillet et du PSP. Suite à la signature du Pacte de Pedrero, les troupes du Directoire se sont placées sous le commandement du Che pour unifier les actions. Peu après, le PSP l'a signé. Le Deuxième front de l'Escambray n'a pas signé le pacte.

Presque sans se remettre du long voyage, le Che a attaqué plusieurs petites garnisons dans les contreforts des montagnes, comme Güinía de Miranda, Banao et Caracusey.

La première bataille après notre arrivée dans la zone centrale depuis la Sierra a eu lieu à Güinía de Miranda. Nous avons attaqué une petite caserne d'une quarantaine d'hommes. Les combats ont commencé vers 5 h du matin et nous savions qu'il fallait qu'ils se terminent avant l'aube, sinon l'aviation allait nous tomber dessus.

Durant la marche depuis la Sierra Maestra, nous portions un bazooka que nous avions pris à l'armée pendant l'offensive d'été. L'artilleur savait plus ou moins tirer. Au début du combat, la première salve est passée par-dessus la caserne. La deuxième est tombée devant, sans la toucher.

Le Che s'est approché et a demandé, « Eh bien, qu'est-ce qui t'arrive, mon gars ? » Il lui a pris le bazooka, s'est dressé face à la caserne et a fait feu. La roquette est entrée par la fenêtre. La garnison s'est immédiatement rendue.

Les semaines suivantes, l'armée de Batista a lancé une offensive dans l'Escambray. Elle a été repoussée, ce qui a permis à nos troupes de passer à ce qui est devenu l'offensive finale.

L'une des combats les plus difficiles a eu lieu à Fomento, le village de Choy. C'était le 16 décembre et c'était la première fois qu'on attaquait une aussi grande garnison en plaine. Ça a duré trois jours, avec des bombardements aériens. Suite à la reddition de l'ennemi, nous avons libéré d'autres villes, comme Cabai-guán, Placetas, Sancti Spíritus, Remedios et Caibarién.

Je me souviens de quelque chose qui s'est passé pendant la bataille de Cabaiguán.

Notre peloton, qui constituait l'avant-garde, avait réussi en passant par les cours des maisons à arriver en face de la caserne de l'armée, de l'autre côté de la rue. Je suis allé prévenir le Che que nous avions occupé cette position très avantageuse. Pour y arriver, il fallait sauter d'un toit sur un mur, puis traverser une cour. Mais il était environ quatre heures du matin et il faisait noir. Le Che a fait un faux pas et est tombé. Il s'est cassé le bras.

Mais la première chose qu'il a dite, c'est : « Où est passé le M-1 ? » Il avait le bras cassé et il demandait où était le fusil qu'il portait !

La lutte a atteint son point culminant avec la bataille de Santa Clara. Le 1er janvier 1959, nous avons gagné cette bataille, Batista a fui l'île et nous nous sommes dirigés vers La Havane [13].

Je pensais que la guerre était terminée. Il m'est arrivé quelque chose de semblable à ce que López Cuba décrit dans *Haciendo historia* [14]. J'avais abandonné l'école et il me manquait encore deux cours pour terminer le secondaire. Je suis donc allé voir le Che.

« Bon, Che, la guerre est finie. Je voudrais être ingénieur électricien. »

---

13. Voir Guevara, *Pasajes de la guerra revolutionaria cubana*, « Apéndices » en espagnol ; *Episodes of the Cuban Revolutionary War*, « The Las Villas campaign, September-December 1958 » en anglais.

14. Mary-Alice Waters, réd., *Faire l'histoire : entretiens avec quatre généraux des Forces armées révolutionnaires de Cuba*, publié en anglais et en espagnol par les éditions Pathfinder en 2001.

« Tu t'en vas *maintenant* ? » a-t-il répondu. Et, excusez l'expression : « T'es un couillon. La révolution vient tout juste de commencer. »

WATERS : Vous êtes donc resté sous le commandement du Che ?

SÍO WONG : J'ai été promu au grade de premier lieutenant au début de janvier 1959 et affecté à la police militaire, qui avait pris ses quartiers à la caserne de La Cabaña à La Havane. C'était le poste de commandement du Che. La police militaire se chargeait de la discipline au sein de l'armée. J'ai obtenu mon diplôme en suivant des cours du soir. Mais ça faisait quatre ans que je n'avais pas étudié et ça m'a demandé beaucoup de travail. De plus, il y avait toutes mes responsabilités dans l'Armée rebelle.

Quelques mois plus tard, Jorge Ricardo Masetti, un Argentin, a fondé Prensa Latina. La majorité des membres de l'Armée rebelle étaient des paysans. Mais j'avais été étudiant, j'avais un niveau pré-universitaire. Masetti le savait et a tenté de me recruter. « Veux-tu être journaliste et contribuer à fonder une agence de presse latino-américaine ? » m'a-t-il demandé.

Je suis donc allé voir ce que dirait le Che.

« Che, Masetti me propose d'aller travailler avec lui à Prensa Latina. »

« Je te dis pour la deuxième fois que t'es un couillon. Toi, il faut que tu sois dans l'armée. Dis à Masetti qu'il aille chercher des journalistes ailleurs. Tu ne peux pas y aller. »

C'était une autre leçon.

La troisième fois que le Che m'a donné ce genre de leçon, ça a été suite à sa nomination comme président de la Banque nationale. Une de mes soeurs m'a appelé pour me dire que la mère de son mari était en train de mourir à Macao et qu'il lui fallait 50 dollars pour payer le visa. Et que je devais parler au Che.

Et moi, naïvement, je suis allé voir le Che.

« Che, ma soeur a besoin de 50 dollars pour payer le visa et aller voir sa belle-mère à Macao. »

Le Che a mis la main dans sa poche.

« Tout ce que j'ai, c'est 125 pesos. » À cette époque, le salaire de nos officiers était de 125 pesos par mois.

Et il a ajouté : « Si t'en as besoin, prends-les. Mais moi, je n'ai pas de dollars. »

Quelle leçon ! Je ne l'ai jamais oubliée.

Dans ma vie de révolutionnaire, j'ai eu plusieurs privilèges. Avant tout, dans ma formation de révolutionnaire, celui d'avoir eu trois grands chefs. En premier lieu, Fidel dans la Sierra Maestra. Deuxièmement, d'avoir été un combattant dans la colonne du Che. Et troisièmement, à partir de 1965, d'avoir travaillé pendant presque sept ans directement avec Raúl Castro, comme son adjoint lorsqu'il était ministre des Forces armées révolutionnaires. Durant cette même période, j'ai aussi eu le privilège de travailler un an et demi sous les ordres de Juan Almeida, quand il est devenu ministre alors que Raúl poursuivait ses études à l'Académie militaire.

Pour moi, ça a été un grand privilège. Avoir eu des chefs de cette envergure, avoir pu les connaître, avoir été sous leurs ordres et avoir appris d'eux.

Les Chinois à Cuba

WATERS : Vous avez tous les trois eu des expériences très différentes en grandissant comme des Cubains d'origine chinoise. Parlez-nous un peu de l'immigration chinoise à Cuba. Quel rôle a-t-elle joué dans l'histoire de Cuba ?

MOISES SÍO WONG : L'histoire commence en Chine en 1840, au début de la première guerre de l'opium. Les puissances européennes ont entrepris cette dernière pour dominer la Chine en se servant de l'opium comme leur principal levier. Elles avaient déjà introduit dans le pays de grandes quantités d'opium. S'étant rendu compte de ce que cela signifiait pour le développement de la société et du peuple chinois, l'empereur mandchou a promulgué une loi interdisant l'entrée de l'opium. Il a envoyé un représentant à Canton, où ce dernier a organisé une grande opération où on a détruit des milliers de caisses d'opium. Les puissances coloniales, l'Angleterre en tête, s'en sont servies comme prétexte pour déclarer la guerre à la Chine.

En 1842 prend fin la guerre de l'opium avec la défaite de la Chine. Les puissances coloniales imposent alors de nombreuses concessions au gouvernement chinois. En premier lieu, la Chine a cédé Hong-Kong à l'Angleterre et ouvert au commerce les ports de Canton (aujourd'hui Guangzhou), d'Amoy (aujourd'hui Xiamen), de Fuzhou, de Ningbo et

Ports d'origine des travailleurs chinois sous contrat venus à Cuba

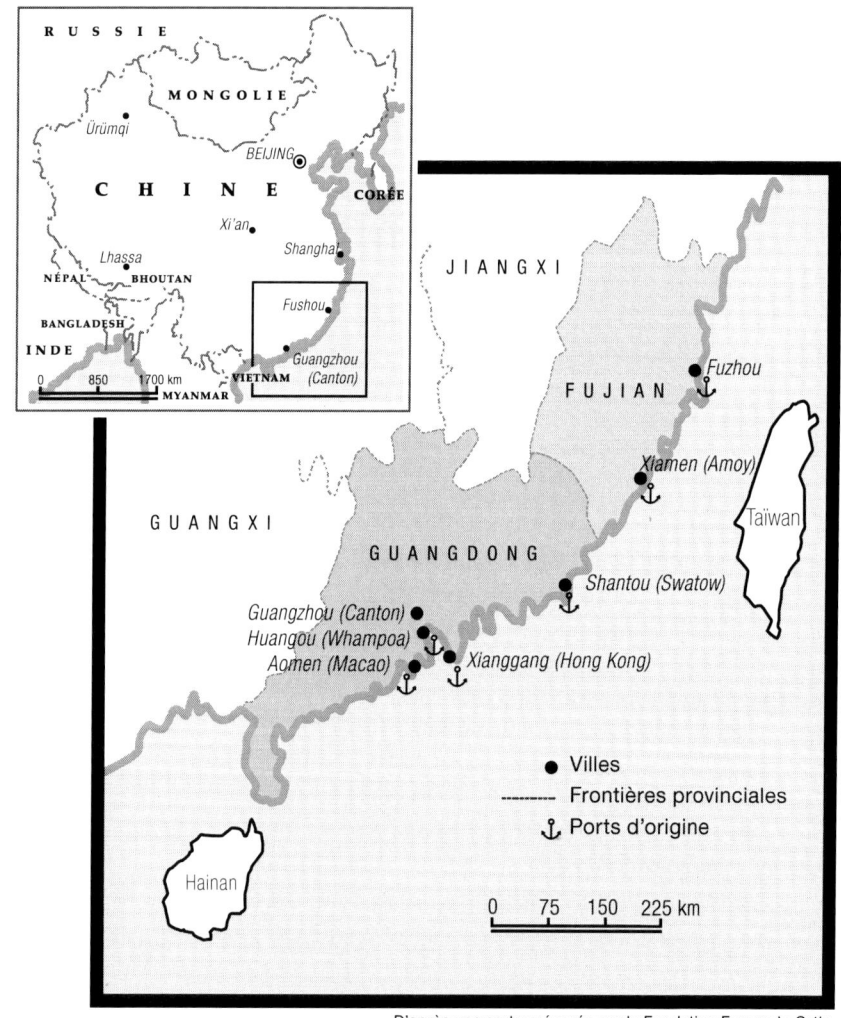

D'après une carte préparée par la Fondation Fernando Ortiz

de Shanghai. Dans les deux décennies suivantes, la Chine a été obligée de faire de nouvelles concessions, non seulement aux Anglais mais à d'autres puissances coloniales : aux Américains, aux Français, aux Portugais, etc. La Chine leur a donné accès à plusieurs ports, à partir desquels ceux-ci ont développé leurs opérations.

Les Anglais ont réalisé qu'ils pouvaient profiter d'une autre façon de leur domination de la Chine. Ils ont commencé à embaucher de la main-d'oeuvre chinoise pour l'exploiter dans les colonies qu'ils détenaient dans l'hémisphère occidental : Trinité-et-Tobago, la Jamaïque, la Guyane et la Barbade.

La couronne espagnole y a vu une alternative aux esclaves africains, avant tout pour le développement de l'industrie sucrière ici à Cuba.

Quelque 25 ans plus tôt, en 1817, l'Angleterre et l'Espagne avaient signé un traité abolissant la traite des esclaves africains. Évidemment, l'Espagne ne l'a pas respecté et a continué à faire venir des esclaves d'Afrique en violation du traité. En fait, ils ont fait venir plus d'esclaves durant cette période qu'avant. Mais comme ils ne pouvaient pas le faire aussi ouvertement, ils n'arrivaient pas à faire venir toute la main-d'oeuvre dont ils avaient besoin [15].

Il y a un autre facteur qui a influencé la décision de l'Espagne de faire venir à Cuba des Chinois comme travailleurs sous contrat. Le recensement effectué par les Espagnols en 1841 montrait qu'il y avait à Cuba 1 017 000 habitants, dont 418 000 étaient blancs. Il y avait quelque 150 000 métis libres et environ 432 000 esclaves. Il y avait donc beaucoup plus d'esclaves et de métis libres que de blancs.

Des révoltes d'esclaves avaient déjà éclaté. Il y en a eu une très célèbre en 1844, celle de la « Conspiration de l'échelle. »

15. Voir glossaire : Esclavage à Cuba.

Les Espagnols y ont fusillé Plácido, un métis, un brillant poète. Des historiens disent qu'on ne sait pas si cette conspiration a vraiment eu lieu ou si c'était une mesure répressive de la part des Espagnols pour essayer de freiner ces révoltes. Mais les soulèvements d'esclaves étaient quelque chose qui les préoccupaient beaucoup.

C'est pour cette raison qu'en 1844, suivant l'exemple des Anglais, les Espagnols ont établi une compagnie dans le port d'Amoy, avec ses baraquements, pour la traite de la main-d'oeuvre chinoise. Amoy, ou Xiamen, est située juste en face de Taïwan, dans le détroit de Taïwan.

Ces Chinois étaient embauchés par contrat pour une période de huit ans. On les payait 4 pesos par mois, plus la nourriture et les vêtements. Ils devaient travailler pour ceux qui achetaient ou rachetaient leur contrat, qui se vendait 70 pesos, ce qui en faisait des travailleurs asservis. On leur promettait qu'après huit ans, ils pourraient choisir : retourner en Chine ou rester dans le pays comme travailleurs libres. Évidemment, ils n'avaient pas le choix. Ils devaient rester à Cuba parce qu'ils n'avaient pas l'argent pour le voyage de retour.

La première cargaison de travailleurs sous contrat est arrivée à Cuba le 3 juin 1847, sur le brigantin espagnol *Oquendo*. Il y avait 206 personnes dans ce premier voyage. Ils sont descendus à Regla, ici dans la baie de La Havane, le même port utilisé auparavant par les Espagnols pour le débarquement d'esclaves africains. Ils les mettaient dans des baraques et vendaient leurs contrats à de grands propriétaires terriens, qui les traitaient de la même façon que les esclaves.

Le 12 juin, la frégate anglaise *Duke of Argyle* est arrivée avec 365 autres Chinois. Une bonne partie d'entre eux avait péri pendant la traversée, qui durait de quatre à cinq mois. C'est ainsi qu'en 1847, ces près de 600 Chinois sont les premiers travailleurs sous contrat à être arrivés.

Par la suite, en partie parce que les mauvais traitements qu'ils avaient subis avaient été portés à la connaissance du public, la couronne espagnole a suspendu le travail sous contrat. Mais en 1852, la reine en a autorisé la reprise.

On calcule qu'entre 1848 et 1874, 141 000 Chinois ont fait la traversée vers Cuba et que de 10 à 15 pour cent sont morts pendant le voyage. C'est plus ou moins le même chiffre que ceux qui sont allés aux États-Unis durant ces années. Néanmoins, par rapport à sa population, l'immigration à Cuba a été plus importante. En 1870, la population cubaine était de 1,4 million d'habitants ; celle des États-Unis, de 38 millions — plus de 25 fois plus grande.

Ces travailleurs chinois sous contrat ont d'abord été utilisés dans les plantations de canne à sucre et autres domaines agricoles. Ils ont dû travailler très dur. Premièrement, ils ne connaissaient pas la langue. Deuxièmement, ils ne savaient pas comment se servir d'une machette, comment couper la canne à sucre, comment utiliser les différents instruments de travail.

De nombreux Chinois se sont évadés vers les montagnes, comme le faisaient les esclaves africains. Il y avait des endroits appelés *palenques,* où se réfugiaient les esclaves africains qui s'évadaient, les *cimarrons*. Des Chinois ont fait la même chose. D'autres se sont suicidés. Ils préféraient se suicider plutôt que de continuer à être maltraités, traités comme des esclaves.

En plus de cette immigration directe de la Chine, entre 1865 et 1875, quelque 5 000 Chinois sont venus à Cuba des États-Unis, où beaucoup avaient construit les chemins de fer. Récemment, j'ai vu le film *Wyatt Earp* avec Kevin Costner. On y voit les Chinois construire le chemin de fer à travers les

États-Unis. Beaucoup de ces Chinois ont par la suite émigré à Cuba pour tenter de fuir les mauvais traitements qu'ils subissaient.

La guerre d'indépendance

Le 10 octobre 1868 a commencé la guerre d'indépendance[16]. Les forces émancipatrices ont libéré les esclaves et la République en armes a déclaré nuls les contrats de tous les travailleurs chinois sous contrat[17]. Comme des milliers d'Africains, les Chinois se sont joints à la lutte. Il y avait des bataillons et des compagnies entières de Chinois.

Au croisement des rues Linea et L, ici à La Havane, il y a un obélisque à la mémoire des Chinois qui ont lutté dans la guerre d'indépendance. Sur une plaque, on peut lire la fameuse phrase du général Gonzalo de Quesada, qui était le secrétaire de José Martí dans le Parti révolutionnaire cubain : « Il n'y a pas eu un seul déserteur chinois cubain. Il n'y a pas eu un seul traître chinois cubain. » C'est ce qu'a dit Gonzalo de Quesada. On ne connaît aucun cas de Chinois ayant aidé les Espagnols. Pas un seul cas.

On sait par contre que beaucoup de Cubains nés ici ont fait partie du Corps des volontaires. C'étaient des Cubains connus pour leur brutalité. Ils accomplissaient des tâches policières afin de permettre aux troupes espagnoles de combattre les forces indépendantistes.

Il y a quelques années, Fidel m'a demandé si on savait combien de Chinois avaient participé aux guerres d'indépendance de 1868-1898. Je lui ai dit qu'on ne pouvait pas le déterminer parce que les Chinois changeaient de nom. Ils adoptaient des noms comme « Gustavo González » ou

---

16. Voir glossaire : Guerres d'indépendance de Cuba.

17. Voir glossaire : République en armes.

« Ramón Fernández ». Ils adoptaient les noms de leurs maîtres. Et dans les registres de l'Armée de libération n'apparaissent pas de noms chinois. Quelques historiens soutiennent qu'il y a eu 6 000 combattants chinois. On ne le sait pas avec exactitude. Il y en a peut-être eu beaucoup plus.

Alors Fidel m'a demandé combien de Chinois ont participé à la dernière guerre de libération, celle de 1957-1959. Combien de fils de Chinois y ont participé ?

Je lui ai dit que nous ne le savions pas non plus. À moins que le nom de famille vienne du père, la génération suivante le perd. Il y a donc beaucoup de descendants de Chinois dont l'origine ne peut pas être déterminée simplement à partir du nom de famille. Nous avons le cas d'Esteban Lazo Hernández, qui est aujourd'hui membre du Comité central du parti et son responsable à l'idéologie. Son grand-père était chinois. Bárbara Castillo Cuestas, ministre du commerce intérieur : sa grand-mère était chinoise. Lázaro Barredo, le vice-président de la commission des relations internationales de l'Assemblée nationale : il est également petit-fils de Chinois. Ces dirigeants sont tous des exemples de personnes d'origine chinoise. Mails ils ont perdu leurs noms de famille chinois.

CHOY : Pour vous donner une idée de la participation chinoise à la guerre, à la bataille de Las Guásimas en 1874, il y a eu un bataillon de 500 Chinois qui ont combattu sous le commandement du général Máximo Gómez. Un bataillon complet.

SÍO WONG : En plus de ceux qui ont combattu, d'autres ont contribué à la lutte en transportant ou en donnant des aliments.

Par exemple, mon père tenait un petit magasin à Matanzas durant la guerre de 1895-1898. Un jour, les autorités coloniales l'ont critiqué parce qu'il avait donné des marchandises gratuitement à un groupe de *mambises* qui passaient par là [18].

« Pourquoi ne les as-tu pas fait payer ? »

« Eh bien, les Espagnols aussi passent par ici et prennent des marchandises, » a-t-il dit pour se justifier. « Et ils ne les payent pas. »

C'est un exemple.

Dans les villes, beaucoup de Chinois ont aidé comme informateurs. Aux yeux des autorités coloniales espagnoles, tous les Chinois étaient pareils. Ils pouvaient donc s'infiltrer sans se faire remarquer dans les villages et les villes afin d'obtenir des informations sur les troupes espagnoles. Les Chinois passaient inaperçus. S'ils étaient interrogés, ils disaient : « Moi pas comprendre, pas comprendre. »

WATERS : À cette époque, est-ce que la majorité des Chinois vivant à Cuba parlaient principalement le chinois ? Ou parlaient-ils l'espagnol ? Ou les deux ?

SÍO WONG : Les Chinois arrivaient et au début ils ne connaissaient pas l'espagnol. Par la suite, ils apprenaient quelques mots, mais durant la guerre la communication était très difficile. Voilà pourquoi ils étaient organisés en compagnies ou bataillons séparés.

Il existe une anecdote à propos d'un officier, le colonel Hernández, qui était chef d'un bataillon chinois sous le commandement du général Ignacio Agramonte. Hernández était fatigué des Chinois car, très souvent, les officiers et les soldats ne se comprenaient pas et des actes d'indiscipline se produisaient.

Le colonel a donc demandé à rencontrer Agramonte. Quand le colonel s'est approché de la tente de campagne, Agramonte savait déjà pourquoi il venait le voir.

18. Voir glossaire : Mambises.

« Colonel, vous devez être fier de votre bataillon, » lui a dit le général alors qu'ils entraient dans la tente de campagne, « ce bataillon héroïque qui vous apprécie tellement comme chef. » Le général Ignacio Agramonte a commencé à vanter les Chinois : comme ils aimaient leur chef, leur attitude héroïque dans telle ou telle bataille et quels bons soldats ils étaient. Évidemment, le colonel n'a rien dit sur la raison de sa visite, même s'il voulait en fait demander à changer d'affectation parce qu'il était fatigué des Chinois.

Il y a un fait qui illustre le niveau de participation des Chinois dans la guerre d'indépendance.

En 1901, à la fin de la dernière guerre d'indépendance, une constitution est approuvée. Elle comprend l'article 65, qui stipule que tout étranger ayant lutté pendant 10 ans les armes à la main pour la liberté de Cuba sera considéré Cubain de naissance. Il pourra même devenir président de la république. Cet article a été inclus à cause de Máximo Gómez, qui avait été à la tête de l'armée et était dominicain. Mais Máximo Gómez n'a pas accepté cette proposition. Il disait qu'il était dominicain, qu'il était un étranger. Imaginez-vous, un étranger !

Seules quatre personnes ont acquis ce statut en vertu de l'article constitutionnel spécial. Le général Máximo Gómez, qui était dominicain ; le général Carlos Roloff, qui était polonais ; et deux Chinois, le lieutenant-colonel José Bu et le capitaine José Tolón (Lai Wa). Ils avaient combattu dans les trois guerres. Quelques historiens soutiennent que Rius Rivera, qui était portoricain, avait aussi ce statut, mais c'est toujours une question en litige. Mais bon, ces exemples en disent long sur la participation des Chinois dans les guerres d'indépendance.

KOPPEL : À quel moment a pris fin le système de travail sous contrat ?

SÍO WONG : « Un bon traitement » pour les Chinois, « tel qu'exigé par la religion et l'humanité » : voilà ce que recommandait un ordre royal promulgué par la reine Isabel II en 1847. L'ordre recommandait également de maintenir séparés les Chinois et les Noirs.

En 1857, le Conseil royal a fixé une limite au nombre de Chinois qu'on pouvait faire venir à Cuba. Et en 1860, sous la pression d'autres puissances étrangères en Chine, l'Espagne a dû accepter d'interdire le trafic des travailleurs chinois sous contrat vers le continent américain. Mais en réalité, ils ont continué à faire venir de la main-d'oeuvre chinoise sous contrat jusqu'en 1874.

Durant la guerre d'indépendance cubaine, la couronne espagnole s'est inquiétée du rôle des Chinois dans l'armée de libération. C'est ainsi qu'en 1871, la couronne a promulgué un autre décret royal. Ce dernier disait qu'à cause des « difficultés » et des « graves préjudices » causés par des immigrants ayant brisé « leur engagement, » les travailleurs chinois menaçaient « l'ordre public » et aidaient « les ennemis de la nation. » Par conséquent, dans l'intérêt de « la tranquillité, » il a suspendu le trafic des travailleurs chinois sous contrat à Cuba.

Le 17 novembre 1877, l'Espagne a signé avec la Chine l'Accord de Pékin, qui a mis fin à Cuba au commerce criminel des travailleurs chinois sous contrat. Mais cette décision n'a été rendue publique à Cuba que le 29 juin 1879, lorsqu'elle a été publiée dans *La Gaceta de La Habana*.

Création de la communauté chinoise

HAWKINS : Comment se sont développés les quartiers chinois de La Havane et des autres villes cubaines ?

SÍO WONG : Les Chinois qui terminaient leurs huit ans de travail sous contrat devenaient libres. Dans la plupart des cas, ils survivaient comme vendeurs ambulants. Ils vendaient des fruits, des légumes, des fritures et d'autres

Combattants chinois dans la guerre d'indépendance de 1868-1879.

Bibliothèque nationale José Martí

choses. Ces vendeurs ont établi les premiers quartiers chinois. Il y a eu de petits restaurants et points de vente dans la partie de La Havane où se trouvent aujourd'hui les rues Zanja et Rayo. De là, un quartier chinois s'est graduellement développé où l'on parlait chinois et espagnol. Des journaux en chinois y ont vu le jour. En 1867, des membres de cette communauté ont fondé la première société chinoise, appelée Kit Yi Tong.

Ce quartier chinois est ainsi devenu le plus important d'Amérique latine, uniquement surpassé dans les Amériques par celui de San Francisco.

WATERS : Quelle était la répartition géographique de la population chinoise ?

SÍO WONG : Au début, les Chinois se sont concentrés dans les provinces où l'industrie sucrière était la plus développée : La Havane, Matanzas, Villa Clara et Oriente. Mais plus tard, ils se sont répandus dans toutes les provinces et villes [19].

La majorité des Chinois se consacraient essentiellement au commerce. Services gastronomiques, blanchisseries et toutes sortes de services de ce type. S'ils ne réussissaient pas à Las Tunas, ils se déplaçaient à Camagüey ou ailleurs. Comme l'a fait le père de Chui. C'est ainsi que les Chinois se sont établis dans tout le pays.

WATERS : Presque tous les Chinois qui sont venus comme travailleurs sous contrat étaient des hommes. J'ai lu que certaines années, ils étaient plus de 99 pour cent des arrivants. Ceci a dû avoir un grand impact sur le développement de la communauté chinoise.

SÍO WONG : C'est évidemment une raison pour laquelle beaucoup se sont mariés à des femmes nées ici. De nombreux

---

19. Voir page 30 la carte qui illustre la répartition de la population chinoise à Cuba.

Chinois ont épousé des Cubaines. Parmi les Chinois, il n'y avait pas les mêmes pressions contre les mariages mixtes que vous voyez dans d'autres communautés, dans la communauté juive par exemple.

Il s'est passé quelque chose d'intéressant dans ma famille. Nous sommes 14 frères et soeurs : 6 filles et 8 garçons. Ma mère exigeait que toutes les filles se marient avec un homme de père et de mère chinois. Aucune ne pouvait se marier avec le fils d'un Chinois et d'une Cubaine. Il devait être de père et de mère chinois. Et c'est ce qui s'est passé. Et nous, les garçons, nous avons tous épousé des Cubaines.

WATERS : Quelle a été l'ampleur de l'immigration chinoise à Cuba après 1874, quand s'est terminé en pratique le travail sous contrat ?

SÍO WONG : Elle s'est réduite. Mais à cause de la situation qui prévalait en Chine — un pays arriéré, semi-colonial, où les grands propriétaires terriens, les chefs militaires et les impérialistes étrangers exploitaient de manière criminelle des millions de paysans et de travailleurs — beaucoup de Chinois désespérés ont émigré vers Cuba et d'autres pays à la recherche de meilleures conditions de vie.

Discrimination contre les Chinois

WATERS : À quel type de discrimination et de racisme ont fait face les Chinois ?

CHUI : Il y avait beaucoup de choses. Par exemple, je me rappelle qu'il y avait une insulte qui disait : « Chino Manila pa' Cantón. » Quand ils nous voyaient par ici, ils nous disaient : « Chino Manila pa' Cantón. » Comme pour nous dire : « Pars d'ici, retourne à Canton. » Tu t'en rappelles, Sío ?

SÍO WONG : Oui, oui.

CHUI : C'est ainsi que certaines personnes nous voyaient.

Quartier chinois de La Havane, fin du XIXe siècle.

KOPPEL : Pourquoi vous criaient-ils : « Chino Manila » ? À quoi cela faisait-il référence ?

SÍO WONG : Certains travailleurs sous contrat arrivaient par les Philippines, qui était aussi une colonie espagnole à l'époque. Cette expression « Chino Manila » était un terme méprisant pour parler de tous les Chinois.

CHUI : Je me rappelle qu'ils nous disaient aussi : « Narra ! Hé, narra ! »

SÍO WONG : Appeler « narra » un Chinois à Cuba équivaut à appeler « nègre » une personne noire aux États-Unis. À Cuba, le terme méprisant pour les Noirs était « niche ». Au Noir, on disait « niche ». Et au Chinois, on disait « narra ». C'était insultant.

Il y avait de la discrimination contre les Noirs. Et il y avait de la discrimination contre les Chinois. Il y avait des endroits où ni Noirs, ni Chinois ne pouvaient entrer. La discrimination raciale prenait aussi des formes économiques.

WATERS : Par exemple ?

SÍO WONG : Du point de vue de l'accès à l'éducation. Il y avait ici des écoles privées, des universités privées auxquelles ils n'avaient pas accès. Et il y avait des cliniques privées où les soins médicaux étaient supérieurs à ceux auxquels les pauvres avaient accès.

CHUI : Il y avait même des clubs pour l'élite. C'était le cas par exemple du propriétaire de l'hôtel Rosita. Il était millionnaire mais il était mulâtre. Il ne pouvait entrer dans un club. Sous Batista, ce type a ouvert un club social pour mulâtres et Noirs, le club Alfonso. Mais plus tard, ils ne laissaient plus entrer les Noirs. Seulement les mulâtres qui n'avaient pas l'air mulâtres !

SÍO WONG : Il y avait des endroits réservés à l'élite où on ne voyait pas de Noirs. Mais les Chinois aussi étaient interdits.

Ici, il y avait des plages, comme celle de Tararà en périphérie de La Havane, où ni Chinois ni Noirs n'étaient admis. Les pauvres non plus. Même chose à Brisas del Mar, à l'est de La Havane. C'était une plage privée et on ne pouvait pas y entrer.

Dans la zone de Miramar à La Havane, il y avait une police privée spéciale payée par les riches. Ils patrouillaient la nuit et interpellaient qui bon leur semblait : « Vos papiers, que faites-vous par ici ? »

Dans le cas des Noirs, ce genre de discrimination était encore plus visible. À Santa Clara par exemple, il y avait un parc où les Noirs se promenaient d'un côté et les Blancs de l'autre. Les Chinois pouvaient se promener avec les Blancs. Mais même dans ce cas, ils étaient discriminés. Choy a raconté qu'on n'a pas laissé entrer un de ses amis dans un club avec sa petite amie car seuls les Blancs y étaient admis.

Il y avait donc de la discrimination envers les Noirs et les Chinois. Il y avait également de la discrimination fondée sur le sexe. Et les pauvres étaient discriminés.

Divisions de classe dans la communauté chinoise

WATERS : Quelle était la structure de classe de la population chinoise ?

SÍO WONG : Une grande partie était des commerçants. La communauté chinoise était loin d'être homogène. Elle était divisée entre riches et pauvres. Il y avait même des commerçants très riches avec un grand pouvoir économique. Il y avait une banque chinoise. Il y avait une chambre de commerce chinoise. Il y avait des Chinois millionnaires.

L'un de ces millionnaires s'est fait construire une maison au bord du fleuve Almendares ici à La Havane. C'est aujourd'hui le restaurant Pavo Real. On dit que c'est une copie exacte d'une maison qui appartenait à son père près de Hong Kong, au bord de la rivière des Perles. Il a envoyé des architectes à Hong Kong et ils en ont fait une copie exacte. Cette maison est toujours ici.

Il y avait également les Chinois plus pauvres, les vendeurs ambulants ayant moins de moyens, etc.

Quand on parle de discrimination, nous les Chinois, nous étions aussi discriminés ici. Mais je dirais qu'il y avait plus de discrimination des riches envers les pauvres.

WATERS : Durant les 60 premières années du XXe siècle, après ce qui est connu aux États-Unis comme la guerre hispano-américaine, Washington a été la puissance impérialiste dominante à Cuba. Comment cela a-t-il affecté la communauté chinoise ?

SÍO WONG : Durant ces décennies, le gouvernement US avait une grande influence sur le gouvernement cubain. Nous étions formellement une république avec un système capitaliste, où l'ambassadeur des États-Unis dictait la politique à suivre. Sumner Welles, l'ambassadeur de Franklin Delano Roosevelt pendant les années 1930, était très connu pour imposer ici les intérêts de Washington. La mission militaire US avait une grande influence sur l'armée cubaine.

La domination des États-Unis se reflétait dans l'influence que la dictature de Tchang Kaï-chek, que soutenait Washington à l'époque, avait sur la communauté chinoise ici. Tchang Kaï-chek dirigeait les forces contre-révolutionnaires qui avaient fui à Taïwan après leur défaite aux mains de la révolution chinoise de 1949. Son parti, le Kuomintang ou Parti nationaliste, était dirigé à Cuba par un groupe de riches commerçants et il exerçait une influence considérable sur la communauté chinoise. Avant 1959 par exemple, le

Kuomintang exerçait son influence sur le casino Chung Wah, qui regroupait toutes les sociétés chinoises[20].

Après 1949, le gouvernement cubain avait des relations diplomatiques avec Taïwan, pas avec Beijing, et le consulat chinois jouait un rôle dans la communauté chinoise. Ses locaux étaient à côté de celui du président du casino Chung Wah à La Havane.

Comme je le disais, la population chinoise était divisée ici entre riches et pauvres. Dans la partie fortunée, l'impact de la domination et de l'influence US n'était pas très différent que sur l'oligarchie cubaine en général.

Le triomphe de la révolution en 1959 a provoqué dans la communauté chinoise une polarisation semblable à celle qui s'est produite dans toute la société cubaine. Les riches commerçants et hommes d'affaires chinois, ainsi que quelques petits commerçants, ont quitté le pays. Mais la majorité de la population s'est jointe à la révolution. La Société du Kuomintang, qui avait été associée au parti Kuomintang à Taïwan, a cessé d'exister. Son siège et la direction du casino Chung Wah sont passés aux mains de révolutionnaires. En 1960, Cuba a rompu ses liens avec Taïwan et formellement reconnu la République populaire de Chine, le premier pays d'Amérique latine à le faire.

WATERS : Où sont allés les Chinois qui ont quitté Cuba ?

SÍO WONG : Quelques-uns à Taïwan. Beaucoup aux États-Unis, au Canada, en Amérique centrale et dans d'autres pays.

WATERS : À New York, il y a encore beaucoup de restaurants cubano-chinois ouverts après 1959.

SÍO WONG : Il y a une anecdote très drôle à ce sujet. En 1988, l'accord qui a mis fin à la guerre en Angola et permis

---

20. Dans ce contexte, le mot casino en espagnol signifie société ou association.

l'indépendance de la Namibie a été signé aux Nations Unies à New York [21]. Un groupe de généraux qui avaient participé à la défense de l'Angola contre l'invasion sud-africaine s'est rendu à New York pour signer cet accord [22].

Un jour, certains ont voulu manger de la cuisine chinoise et un camarade de la mission cubaine aux Nations Unies les a amenés dans un restaurant du quartier chinois. Là, plusieurs camarades ont essayé de commander leur repas dans leur mauvais anglais mais avaient beaucoup de mal à le faire.

Finalement, le serveur leur a dit en parfait espagnol : « Les amis, ne vous fatiguez pas. Je suis Cubain. »

Après 1959

HAWKINS : Quelle a été la principale mesure adoptée après 1959 pour combattre la discrimination contre les Chinois et les Noirs ?

SÍO WONG : La principale mesure a été la révolution elle-même. Il n'y a pas eu de mesure particulière, même s'il y a eu des mesures très importantes, comme l'interdiction de la discrimination à l'embauche et la conversion des plages privées en lieux publics accessibles à tous [23].

---

21. Voir la partie II de ce livre.

22. Les six généraux qui se sont rendus à New York pour la signature de l'accord étaient Abelardo Colomé, Leopoldo Cintra Frías, Ramón Espinosa, Víctor Schueg, Rafael Moracén et Pascual Martínez Gil.

23. Le 22 mars 1959, dans un discours connu comme « La Proclamation contre le racisme, » le premier ministre Fidel Castro annonce les premières mesures adoptées par le gouvernement révolutionnaire pour interdire la discrimination raciale à Cuba. Le discours est publié le lendemain dans *Revolución*. Le journal *The Militant* en a publié une traduction en anglais dans son édition du 19 avril 1999, traduction qu'on peut trouver en ligne à themilitant.com.

La révolution s'est faite précisément pour abolir les inégalités. Pour instaurer la justice sociale. Pour éliminer la discrimination contre les Noirs, les femmes et les pauvres. Pour
réduire le fossé entre les pauvres et les riches.

KOPPEL : J'ai entendu parler d'une unité cubano-chinoise
qui a aidé à réaliser la nationalisation des grandes propriétés
capitalistes en 1960 et joué un rôle clé durant les premières
années de la révolution pour éliminer la drogue, la prostitution et le jeu dans le quartier chinois de La Havane. Est-ce
que c'est vrai ?

SÍO WONG : Il s'agit de la Brigade José Wong, qui faisait partie des Milices nationales révolutionnaires. Elle a été formée
au début de 1960. José Wong était un jeune révolutionnaire
venu de Canton à Cuba au début des années 1920 pour des
raisons économiques. Ici à Cuba, il est devenu un combattant
révolutionnaire contre la dictature de Machado aux côtés
de Julio Antonio Mella et Rafael Trejo, et il a adhéré au Parti
communiste. Il a été emprisonné et tué à la prison *Príncipe*
de La Havane en 1930.

Durant les premiers jours de la révolution, notre peuple
a partout mis sur pied des unités de miliciens. Il y avait les
milices étudiantes dans les universités, les milices ouvrières
dans les usines et les milices paysannes à la campagne. Dans
le quartier San Lázaro où nous habitions, nous avons créé une
milice qui s'appelait Pepe Valladares, du nom d'un martyr
d'ici tombé dans la lutte contre Batista. Le nombre de milices
continuait d'augmenter et, à la fin de 1959, elles ont commencé
à s'unifier au sein de la Milice nationale révolutionnaire.

La brigade José Wong, qui a fait les choses que tu as mentionnées, a aussi participé aux combats de Playa Girón en
1961 [24].

---

24. Voir glossaire : Playa Girón.

Avec la permission de Moisés Sío Wong

En réponse aux menaces croissantes de Washington, les travailleurs de Cuba forment des milices populaires pour défendre la révolution.

En haut. Membres de la milice du syndicat des travailleurs du commerce de détail, 1959. À droite, Pedro Eng, chef adjoint de l'unité.

En bas, à droite. Novembre 1969. Lettre du capitaine Rogelio Acevedo, chef des Milices nationales révolutionnaires, autorisant Eng à mettre sur pied la Brigade José Wong composée de miliciens d'origine chinoise. Celle-ci jouera un rôle important pour briser l'emprise des capitalistes cubains d'origine chinoise sur le quartier chinois de La Havane et mettre fin à leur commerce notoire de la drogue, de la prostitution et du jeu.

En bas, à gauche. José Wong, dont la brigade porte le nom, révolutionnaire cubain né en Chine et assassiné en 1930 par la dictature de Gerardo Machado.

KOPPEL : Quelle est la situation de la communauté chinoise à Cuba aujourd'hui ?

SÍO WONG : Il doit encore y avoir à Cuba quelque 300 Chinois nés en Chine. Il n'y a pas eu d'immigration significative à Cuba depuis le triomphe de la révolution cubaine en 1959, et ceux qui sont restés se font vieux.

Des sociétés comme le casino Chung Wah dont j'ai déjà parlé ont cherché à sauvegarder les traditions culturelles de la communauté chinoise. Mais cela s'est avéré difficile parce que pratiquement tous les enfants des Chinois sont intégrés à la société cubaine. Nous avons essayé de les regrouper, mais ce n'est visiblement pas comme dans d'autres pays. Les associations historiques ont de 40 à 50 membres. Et elles ont dû accueillir des membres appartenant aux troisième, quatrième, cinquième et même sixième générations pour agrandir un peu leurs rangs. Mais elles survivent. On peut voir leurs édifices dans le quartier chinois de La Havane.

WATERS : Un des projets de l'Association de l'amitié Cuba-Chine, que vous présidez, est la restauration du quartier chinois de La Havane. Est-ce quelque chose de récent ?

SÍO WONG : En 1993, un groupe de descendants chinois a approché l'Association de l'amitié Cuba-Chine pour solliciter son soutien au projet de restauration du quartier chinois. C'est ainsi qu'est né le Groupe de promotion du quartier chinois. Le projet a deux grands objectifs. Le premier, c'est la sauvegarde des traditions, de la culture et de l'art chinois à Cuba. Le deuxième vise à réactiver le quartier chinois de La Havane au niveau économique et commercial.

Du point de vue culturel, on a fait des progrès significatifs. La Maison des traditions et des arts chinois organise des expositions, des concours littéraires et d'arts visuels, de la danse, de la musique et du théâtre. Ceci va jusqu'à l'enseignement de la langue chinoise.

Le projet de restauration a reçu le soutien des diverses associations chinoises de l'île, dont le casino Chung Wah, le principal centre de la communauté chinoise ici.

Par ailleurs, l'ambassade de la République populaire de Chine à Cuba a aussi apporté son soutien. Le portique à l'entrée du quartier chinois a été offert par le vice-premier ministre chinois Li Lang Chin.

Actuellement, le Groupe de promotion travaille sous la direction de l'Office de l'historien de la ville de La Havane, le camarade Eusebio Leal. Cet office est responsable de l'énorme projet de restauration de la vieille ville. Ils sont en meilleure position pour faire avancer un projet aussi ambitieux que celui-ci, auquel l'Association de l'amitié Cuba-Chine continuera d'apporter tout son soutien.

L'exemple de Cuba

WATERS : Dans d'autres pays d'Amérique latine et aux États-Unis, il y a des minorités chinoises. Leurs conditions de vie et de travail sont cependant très différentes de celles qui existent à Cuba aujourd'hui. Comment voyez-vous les changements qui se sont produits au cours de votre vie ?

SÍO WONG : En 1999, il y a eu ici à Cuba une conférence internationale sur la diaspora chinoise, une initiative de la Société internationale pour l'étude des Chinois d'outre-mer. Le président de la société, Wang Gungwu, qui vit à Singapour, et un professeur de Californie, Ling-chi Wang, ont initié l'événement. Ce dernier a été parrainé par l'Université de La Havane et il y a eu des représentants des communautés chinoises de plusieurs pays. Beaucoup sont venus des États-Unis, du Canada et du Sud-Est asiatique.

Je me rappelle que le président et son épouse m'ont demandé : « Comment est-ce possible que vous, le fils de Chinois, occupiez un poste élevé au sein du gouvernement et soyez député à l'Assemblée nationale et général des forces armées ? Comment est-ce possible ? »

La réponse ne réside pas dans la grande participation des Chinois aux guerres d'indépendance. Encore que cela reste à étudier, car c'est un phénomène qui ne s'est produit dans aucun autre pays où il y avait des travailleurs chinois sous contrat. Mais ici aussi, avant le triomphe de la révolution, nous les Chinois, nous étions l'objet de discrimination.

Quelle est la différence entre l'expérience des Chinois à Cuba et celle de ceux vivant dans d'autres pays de la diaspora ? La différence est qu'ici, il y a eu une révolution socialiste. La révolution a éliminé la discrimination basée sur la couleur de la peau. Avant tout, c'est parce qu'on a renversé les relations de propriété qui créent les inégalités non seulement économiques, mais aussi sociales entre riches et pauvres.

C'est ce qui a permis au fils d'immigrants chinois de devenir représentant du gouvernement, ou n'importe quoi d'autre. Nous avons mis fin à la discrimination contre les Noirs, les Chinois, les femmes et les pauvres. Ici, nous Cubains d'origine chinoise, nous sommes intégrés.

Aux historiens et aux autres qui veulent étudier cette question, je dis qu'il faut comprendre que la communauté chinoise de Cuba est différente de celles du Pérou, du Brésil, de l'Argentine ou du Canada.

Et cette différence réside dans le triomphe d'une révolution socialiste.

« La couronne espagnole a amené des travailleurs chinois sous contrat à Cuba comme une alternative aux esclaves africains. Entre 1848 et 1874, quelque 141 000 Chinois ont fait la traversée vers Cuba et plus ou moins le même nombre sont allés aux États-Unis. En 1870, la population cubaine était de 1,4 million d'habitants ; celle des États-Unis, de 38 millions. »

1. 1861. Contrat de travailleurs chinois, imprimé en chinois en arrière-fond et en espagnol à l'avant.

2. États-Unis, milieu du XIXe siècle. Des travailleurs chinois construisent un chemin de fer. Des milliers d'entre eux vont par la suite émigrer à Cuba.

3. Cuba. Des esclaves coupent la canne à sucre.

2

1

1. Soldats de l'armée de libération de Cuba, 1898.

2. Combattants chinois pour l'indépendance de Cuba. Plusieurs soldats chinois dans la première guerre d'indépendance de Cuba sont des travailleurs sous contrat en fuite.

3. La Havane. Monument dédié aux Chinois qui ont combattu dans les guerres d'indépendance. Y sont gravées les paroles du général Gonzalo de Quesada : « Il n'y a pas eu un seul déserteur chinois cubain. Il n'y a pas eu un seul traître chinois cubain. »

« Des milliers de Chinois ont participé aux guerres d'indépendance de Cuba. Parmi eux, dit-on, il n'y a pas eu un seul déserteur ni un seul traître. »

Ismael Francisco/Granma

4. Ramón Estrada, combattant dans la guerre d'indépendance de 1895-1898. Son père était chinois ; sa mère, cubaine.

5. Le capitaine José Tolón (Lai Wa), un des quatre combattants nés à l'étranger qui ont participé aux trois guerres d'indépendance de Cuba, ce qui leur a mérité le droit de se présenter à la présidence de la nouvelle république.

« Avant la révolution, il y avait de la discrimination envers les Noirs et les Chinois. De plus, la population chinoise était divisée en classes. Il y avait des riches et des pauvres. »

Après la fin du travail asservi à la fin du XIXᵉ siècle, des communautés chinoises se développent dans tout le pays. La majorité des Chinois s'impliquent dans le petit commerce. Certains deviennent très riches.

1. La Havane, années 1940. Réception à la Chambre de commerce chinoise pour un ministre du gouvernement chinois. La peinture au fond de la salle représente Tchang Kaï-chek, Franklin Roosevelt, Winston Churchill et madame Tchang Kaï-chek au Caire en 1943.

2. Vendeur chinois à La Havane, fin des années 1940 ou début des années 1950.

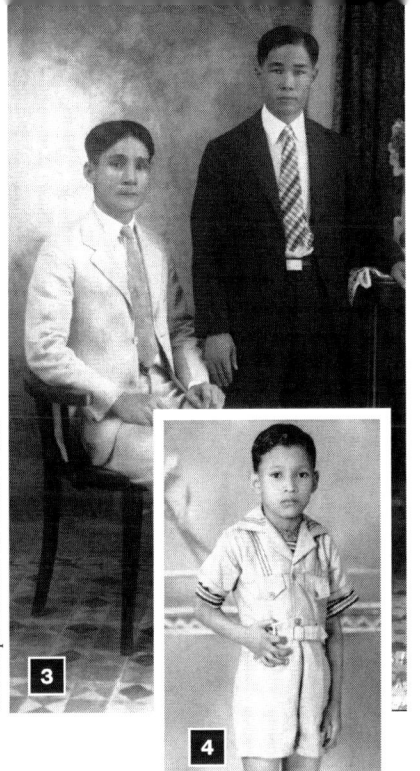

3. À gauche, le père de Gustavo Chui, José Chui, et son oncle Rafael Wong.

4. En encadré, Gustavo Chui à l'âge de six ans en 1944.

5. Armando Choy à l'âge de douze ans en 1946, en compagnie de son père Armando.

6. Quatrième à partir de la gauche, Moisés Sío Wong à l'âge de six ans en 1944, avec ses soeurs Orquidea et Sofia, son frère Julio, sa mère Julia et son père Santiago.

« Ce quartier chinois est ainsi devenu le plus important d'Amérique latine, uniquement surpassé dans les Amériques par celui de San Francisco. »

Photos : Bohemia

1. Blanchisserie à La Havane, fin des années 1940. « Quand les Chinois ont quitté les plantations de canne à sucre, explique Sío Wong, ils se sont répandus dans toutes les provinces et villes. La majorité sont devenus de petits vendeurs et commerçants : restaurants, blanchisseries et toutes sortes de services de ce type. »

2. Dans les années 1940 et 1950, il y avait quatre quotidiens en chinois à Cuba. Sur la photo prise en 1949, les clients d'un restaurant lisent le *Man Sen Yat Po*, journal du parti Kuomintang à Cuba.

3. Commerce dans le quartier chinois de La Havane, 1952.
4. Fruiterie chinoise à La Havane, 1949.
5. Festival de rue traditionnel à La Havane, années 1940.

Photos : Granma

« Nous prenions de plus en plus conscience des injustices du régime de Batista. Quand le Mouvement du 26 juillet a été fondé, nous y avons adhéré. »

Bohemia

Granma

1. Le 10 mars 1952, Fulgencio Batista établit une dictature brutale avec le soutien des États-Unis. La photo montre Batista entouré de soldats le jour du coup d'État.

2. Fidel Castro organise un mouvement révolutionnaire pour renverser la tyrannie et lancer un assaut contre la caserne de la Moncada à Santiago de Cuba, le 26 juillet 1953. Sur la photo, on voit Castro et d'autres combattants capturés être conduits en prison une semaine plus tard.

3. Armando Choy (en avant, à gauche) dans une manifestation étudiante contre la dictature de Batista, le 20 mai 1957 à Santa Clara. La police disperse rapidement les manifestants. Choy et d'autres seront arrêtés plus tard le même jour.

4. En novembre 1956, la police attaque une manifestation étudiante à La Havane.

5. Gerardo Abreu (Fontán) et **6.** Ñico López, dirigeants des Brigades de jeunesse du Mouvement du 26 juillet, aident à recruter Moisés Sío Wong au mouvement révolutionnaire.

« "Fidel, il y a même un Chinois ici !" C'est comme ça qu'on m'a reçu quand je suis arrivé dans la Sierra Maestra. »

MOISÉS SÍO WONG

Avec la permission de Moisés Sío Wong

Avec la permission de Gustavo Chui

Avec la permission d'Armando Choy

Photos : Granma

5

4

Au cours de la guerre révolutionnaire de 1956-1958, des milliers de jeunes travailleurs, paysans et étudiants se joignent à l'Armée rebelle et au Mouvement du 26 juillet pour lutter contre la dictature de Batista.

1. Moisés Sío Wong après la bataille de Placetas, le 24 décembre 1958.

2. Gustavo Chui (à gauche) et des membres de la compagnie blindée de l'Armée rebelle, à l'extérieur de La Havane peu après la victoire révolutionnaire.

3. Armando Choy (debout, deuxième à partir de la droite), avec des combattants de l'Armée rebelle près de Fomenta, fin de 1958.

4. Sergio González (El Curita), à droite, un dirigeant des opérations clandestines du Mouvement du 26 juillet à La Havane. On le voit dans l'imprimerie produisant le journal révolutionnaire clandestin du Mouvement. En février 1958, Fidel Castro dépêche Moisés Sío Wong à La Havane pour ordonner à González de se réfugier dans la Sierra Maestra. Ce dernier insiste pour rester. La police de Batista le tuera quelques jours plus tard.

5. Fidel Castro et des colonnes de l'Armée rebelle victorieuse entrent dans Santiago de Cuba, le 1er janvier 1959. Le même soir, Gustavo Chui participe à la défense du rassemblement où Castro s'adresse à des dizaines de milliers de personnes.

« Quelle a été la principale mesure pour combattre la discrimination contre les Chinois et les Noirs à Cuba ? La révolution socialiste elle-même. »

Gilberto Ante

Henry Wallace

La réforme agraire de 1959, la campagne d'alphabétisation de 1961 et le décret de mars 1959 interdisant la discrimination raciale sont des mesures radicales qui définissent la trajectoire prolétarienne de la révolution.

1. Fidel Castro et María de la Cruz Sentmanat, une ancienne esclave de 106 ans qui a appris à lire et à écrire au cours de la campagne d'alphabétisation.

2. Une plage de La Havane autrefois réservée aux « Blancs seulement. » Parmi ses premières mesures, la révolution ouvre à tous les espaces publics.

3. Membres de l'Alliance nouvelle démocratie chinoise, une organisation de révolutionnaires chinois cubains, lors d'un rassemblement d'appui à la nationalisation des intérêts capitalistes US, le 10 juillet 1960.

4. Rassemblement de masse dans le quartier chinois de La Havane, le 2 octobre 1960, à l'occasion du 11e anniversaire de la révolution chinoise.

« Nous avons mis tout Cuba à contribution pour l'effort en Angola. Nous considérions que c'était quelque chose de vital. »

Granma

Avec la permission d'Armando Choy

Avec la permission de Moisés Sío Wong

En novembre 1975, le gouvernement de l'Angola fait appel à Cuba pour l'aider à défaire une invasion sud-africaine. Quelque 375 000 combattants volontaires cubains participent à cette mission de 16 ans aux côtés de combattants angolais et namibiens. Ils infligeront une défaite écrasante à l'armée de l'Afrique du Sud à Cuito Cuanavale en 1988.

1. Raúl Argüelles, premier chef de la mission militaire cubaine en Angola. Il est tué par une mine terrestre dans les premières semaines de la campagne. Un quart des volontaires cubains qui meurent en Angola sont des officiers.

2. Armando Choy (au centre) en Angola, mars 1981. À ses côtés se trouvent un combattant namibien (deuxième à droite) et le général Ramón Pardo Guerra (premier à droite).

3. Moisés Sío Wong (deuxième à gauche) dirige une opération en Angola, 1976.

4. Gustavo Chui (en avant) passe en revue une brigade blindée cubaine à Luanda, 1987.

5. La jeep de Chui détruite par une mine antichar en mars 1988. Chui est grièvement blessé et perd une jambe.

« Nous ne luttions pas seulement pour l'Angola. Briser les reins de l'armée de l'apartheid à Cuito Cuanavale a accéléré la destruction du système d'apartheid même. »

1. Après sa défaite à Cuito Cuanavale, le gouvernement sud-africain a demandé la paix. Sur la photo, signature des accords de paix à l'ONU, décembre 1988. De gauche à droite : les ministres sud-africains de la Défense et des Affaires étrangères, Magnus Malan et Pik Botha ; le secrétaire général de l'ONU, Javier Pérez de Cuéllar ; le secrétaire d'État US, George Shultz ; le ministre angolais des Affaires étrangères, Afonso Van-Dúnem, et l'ambassadeur de l'Angola aux États-Unis, António dos Santos França ; le ministre des Affaires étrangères de Cuba, Isidoro Malmierca, et le général Abelardo Colomé.

Jon Hillson/The Militant

Mary-Alice Waters/The Militant

2. Le 11 février 1990, moins de deux ans après la signature des accords, Nelson Mandela est libéré après 27 ans en prison. La Namibie déclare son indépendance un mois plus tard. Ici, un ralliement de masse accueille Nelson Mandela à Johannesburg en Afrique du Sud, le 17 mars 1990.

3. La nôtre est « une armée des masses, une armée révolutionnaire du peuple, » a dit le général d'armée Raúl Castro. Ici, des combattantes de l'unité féminine antiaérienne reviennent à La Havane en mai 1989.

4. Nelson Mandela et Fidel Castro à Matanzas, Cuba, le 26 juillet 1991. « En Afrique, a dit Mandela, nous sommes habitués à être victimes de pays qui veulent découper notre territoire ou miner notre souveraineté. Il n'y a pas de précédent dans l'histoire de l'Afrique d'un autre peuple qui s'est levé pour défendre l'un d'entre nous. »

« Il faudra peut-être un jour élever un monument à la période spéciale. » FIDEL CASTRO

Avec la chute des régimes en Union soviétique et en Europe de l'Est en 1989-1991, Cuba perd 85 pour cent de son commerce extérieur. Il s'ensuit une crise économique dévastatrice, connue à Cuba comme la période spéciale. Des millions de travailleurs, d'agriculteurs et de jeunes s'organisent pour répondre aux défis. En 1996, le pire du déclin économique avait été stoppé.

Avec la permission de Moisés Sío Wong

Avec la permission d'Armando Choy

1. En 1991, un programme est lancé pour transformer des terrains vacants en jardins maraichers. Sur la photo, on voit Raúl Castro (au centre) à un jardin organoponique expérimental de La Havane, le 27 décembre 1987. À droite, l'agronome Ana Luisa Pérez lui explique cette forme de production qu'elle a expérimentée. En chemise à carreaux, Esteban Lazo. À gauche en avant, Vilma Espín.

2. Malgré les graves pénuries, le pays s'attaque pendant la période spéciale à des défis importants comme la pollution de la baie de La Havane.

Certaines mesures économiques de la période spéciale engendrent une plus grande inégalité et minent la solidarité sociale. L'Union des jeunes communistes (UJC) prend la tête de la bataille des idées lancée en 1999 pour organiser de nouvelles opportunités éducatives et culturelles pour les jeunes de tout le pays.

3. Des travailleurs assistent à un cours pré-universitaire à la centrale sucrière Camilo Cienfuegos, dans la province de La Havane en janvier 2003. Des dizaines de milliers de travailleurs et de jeunes reçoivent un salaire régulier pendant leurs études.

4. L'UJC mobilise les jeunes pour aider à rénover et construire des écoles à travers le pays, ce qui permet de réduire le nombre d'élèves par classe et d'améliorer la qualité des cours.

« Nous nous défendons avec nos propres forces et moyens en nous assurant que chaque Cubain a une arme : un fusil, une mine, une pierre. C'est la guerre de tout le peuple. »

Manifestation devant la section des intérêts américains à La Havane, mars 2004. La pancarte reproduit la photo tristement célèbre du traitement dégradant infligé par les États-Unis aux prisonniers de la prison Abou Ghraib en Irak. On y lit : « À Cuba, ceci n'arrivera jamais. »

DEUXIÈME PARTIE

Renforcer
la révolution

Angola, 1988. Des combattants cubains et angolais célèbrent la capture d'un blindé sud-africain pendant la bataille de Cuito Cuanavale.

La mission internationaliste cubaine en Angola, 1975-1991

Entre novembre 1975 et mai 1991, quelque 425 000 volontaires cubains ont servi en Angola à la demande du gouvernement angolais. Pendant quinze années, ils ont aidé à défendre ce pays nouvellement indépendant contre les agressions militaires, y compris deux invasions de grande ampleur, du régime suprémaciste blanc d'Afrique du Sud et de ses alliés africains soutenus par Washington. Ces volontaires ont compris 375 000 combattants et 50 000 médecins, enseignants et autres travailleurs civils.

Cette opération internationaliste a été baptisée opération Carlota, en hommage à l'héroïne cubaine Carlota, une femme née en Afrique et faite esclave à Cuba. En 1843, elle a dirigé une révolte dans la province sucrière de Matanzas, à Cuba.

La première invasion de l'Afrique du Sud a débuté en octobre 1975 lorsque les troupes de Prétoria ont franchi la frontière sud de l'Angola. Au même moment, les forces de la dictature de Mobutu Sese Seko au Zaïre, que soutenaient les États-Unis, et du Front national de libération de l'Angola (FNLA) ont envahi le pays par le nord [1]. Leur objectif était de prendre la capitale Luanda avant le 11 novembre, date à laquelle le pays devait accéder à l'indépendance de la domination portugaise, et empêcher la

1. La République démocratique du Congo s'est appelée Zaïre de 1971 à 1997.

mise en place d'un gouvernement dirigé par le Mouvement populaire de libération de l'Angola (MPLA).

À la demande d'aide urgente par la direction du MPLA, des milliers de combattants internationalistes cubains se sont rapidement mobilisés par bateau et par avion. Ils ont été un facteur décisif pour refouler les envahisseurs. En mars 1976, les derniers soldats sud-africains ont été repoussés hors de l'Angola.

Au cours de la décennie suivante, le régime d'apartheid et l'UNITA (Union nationale pour l'indépendance totale de l'Angola) soutenue par l'impérialisme ont mené une guerre sanglante contre le gouvernement angolais. Des centaines de milliers de personnes ont été tuées, des civils pour la plupart. Quelque 2 077 internationalistes cubains ont donné leur vie au cours de la mission.

Dans la seconde moitié de 1987, l'armée angolaise a entrepris une offensive mal conçue contre les forces de l'UNITA dans le sud-est du pays, une région isolée et éloignée des points de ravitaillement et de renfort. Elle l'a fait à la suggestion des conseillers militaires soviétiques et contre l'avis de la direction cubaine. Y voyant une occasion de coincer et d'annihiler les meilleures unités angolaises, le régime d'apartheid a dépêché en Angola un grand nombre de soldats, tanks et avions pour appuyer l'UNITA.

En réponse à l'appel à l'aide de Luanda face à cette situation critique, la direction révolutionnaire de Cuba a envoyé des renforts massifs en soldats et en armes. Une contre-offensive a été lancée pour mettre un terme définitif à l'intervention sud-africaine. Les forces cubaines ont stoppé l'assaut à Cuito Cuanavale. Puis, conjointement avec les soldats angolais et les combattants de l'Organisation du peuple du Sud-Ouest africain (SWAPO) de Namibie, ils ont lancé une attaque massive dans le sud-ouest de l'Angola, avançant presque à la frontière namibienne et acquérant pour la première fois la supériorité aérienne contre les envahisseurs sud-africains.

Angola, novembre 1987 - avril 1988

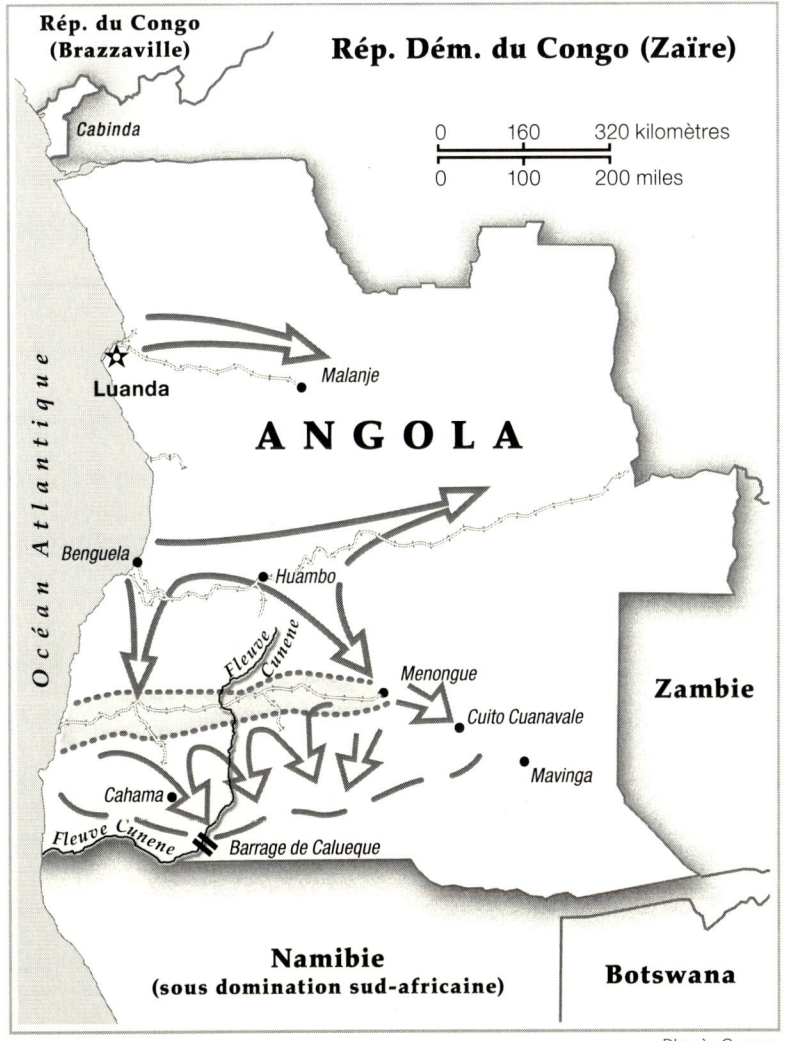

D'après *Granma*

Mouvement des forces cubaines, angolaises et de la SWAPO.

Positions des troupes cubaines en novembre 1987.

Avancée des troupes cubaines, angolaises
et de la SWAPO en avril 1988.

Pretoria a subi une défaite écrasante. Contraint de se rendre à la table des négociations, il a accepté de retirer ses troupes de manière permanente de l'Angola et d'accorder son indépendance à la Namibie. Les derniers soldats cubains ont quitté l'Angola en mai 1991.

Cette victoire a donné un énorme encouragement aux travailleurs et aux jeunes qui luttaient pour renverser l'apartheid en Afrique du Sud. Un soulèvement populaire de masse a finalement renversé le régime suprémaciste blanc en 1994. Nelson Mandela, le dirigeant du Congrès national africain emprisonné pendant 27 ans, a été élu président dans les premières élections à avoir lieu dans l'Afrique du Sud de l'après-apartheid.

« L'écrasante défaite de l'armée raciste à Cuito Cuanavale a constitué une victoire pour toute l'Afrique ! » a dit Nelson Mandela lors d'une visite à Cuba en 1991. « Cuito Cuanavale a marqué un point tournant dans la lutte pour libérer le continent et notre pays du fléau de l'apartheid [2] ! »

■

WATERS : Entre 1975 et 1991, tous les trois et à des moments différents, vous avez servi en Angola dans le cadre des seize années de mission internationaliste de Cuba dans ce pays. Pouvez-vous nous en dire plus sur cette mission et son importance pour Cuba et l'Afrique ?

2.   Mandela a pris la parole le 26 juillet 1991 à Matanzas, Cuba, en compagnie de Fidel Castro. Les deux discours ont été publiés en anglais et en espagnol dans *Quel chemin nous avons parcouru, nous les esclaves ! Cuba et l'Afrique du Sud dans le monde aujourd'hui* (Pathfinder, 1991). Voir aussi en anglais et en espagnol : Fidel Castro, Raúl Castro et autres, *Cuba et Angola : lutter pour la liberté de l'Afrique et la nôtre* (Pathfinder, 2013) ; et Harry Villegas, *Cuba et Angola : la guerre pour la liberté* (Pathfinder, 2017).

CHUI : La révolution cubaine a perpétué l'héritage des internationalistes des guerres d'indépendance et d'autres luttes par la suite. Les généraux Máximo Gómez, qui était dominicain ; Carlos Roloff, polonais ; Luis Marcano, dominicain ; et Juan Rius Rivera, portoricain : ils se sont tous battus pour l'indépendance de Cuba.

CHOY : Henry Reeve, « le petit Anglais. »

CHUI : Oui, « le petit Anglais, » qui était en réalité américain.

CHOY : Et Thomas Jordan, un autre Américain, qui avait combattu dans la guerre de sécession du côté de la Confédération.

CHUI : Au cours de notre histoire, beaucoup d'internationalistes ont lutté pour notre liberté. Nous avons été conséquents avec leur héritage.

Quand nous entreprenons des missions dans d'autres pays qui demandent notre aide, c'est l'occasion de faire ce qu'ils ont fait pour nous.

Par exemple, nous avons prêté assistance au Congo et à la République de Guinée quand Sékou Touré était président. À différents moments, nous avons aidé la Guinée-Bissau, le Cap-Vert, la Somalie, l'Éthiopie, l'Algérie, la Syrie, le Yémen, Oman, le Sierra Leone, São Tomé-et-Príncipe, le Bénin, la Guinée équatoriale et d'autres pays d'Afrique et du Moyen-Orient[3].

3. L'histoire de certains de ces efforts est racontée dans Ernesto Che Guevara, *Passages de la guerre révolutionnaire : le Congo* (Paris, Métailié, 2000) ; en anglais et en espagnol dans Víctor Dreke, *Des montagnes de l'Escambray au Congo : dans le tourbillon de la révolution cubaine* (Pathfinder, 2002) ; et dans les deux volumes de Piero Gleijeses, *Missions en conflit : La Havane, Washington et l'Afrique, 1959-1976* (en anglais : Chapel Hill, University of North Carolina Press, 2002 ; en espagnol : La Havane, Ciencias Sociales, 2003) et *Visions de liberté : La Havane, Washington, Pretoria et la lutte pour l'Afrique australe, 1976-1991* (en anglais, 2013 ; en espagnol, 2015).

En Amérique, nous pouvons entre autres mentionner le Nicaragua, la Grenade, la Guyane et aujourd'hui le Venezuela. Nous devons souligner que cette aide a embrassé tous les domaines : autant la médecine, le bâtiment, l'éducation et la culture que les missions militaires.

sío wong : Notre peuple soutient les idées socialistes et internationalistes. Nous avons été éduqués comme ça. Quel autre pays peut offrir 4 000 ou 5 000 médecins pour réaliser un travail volontaire internationaliste quand on lui demande de l'aide ? Et pas seulement des médecins, mais aussi nos soldats. Les 375 000 combattants cubains qui sont allés en Angola entre 1975 et 1991 étaient tous des volontaires. Il se peut que cela ne soit pas très connu, mais c'est un fait.

On demandait à chacun : « Vous êtes prêt à y aller ? »

« Non, j'ai ma mère qui est malade, » pouvait-il dire.

On lui répondait : « Alors non, vous n'y allez pas. »

C'était un vrai volontariat. C'était une des conditions que le parti et Fidel avaient fixées. Comment peut-on risquer sa vie pour une cause juste si on n'est pas volontaire ? Non, il n'y a aucune autre façon de le faire.

La bataille de Cuito Cuanavale

waters : Nelson Mandela a parlé de la bataille de Cuito Cuanavale en 1987-1988 comme étant « un point tournant de l'histoire de l'Afrique. » Cependant, en dehors de Cuba — et en grande partie de l'Afrique — la bataille est très peu connue.

sío wong : À Cuito Cuanavale à la fin de 1987, l'ennemi encerclait presque totalement un contingent de troupes cubaines et angolaises. Et c'est là que la bataille décisive a eu lieu. La bataille a duré plus de quatre mois et, en mars 1988, l'armée sud-africaine a été vaincue. Cette défaite a marqué le début de la fin. Ils ont été contraints de s'asseoir à la table des négociations. Et ils ont accepté un accord.

Le régime d'apartheid s'est cassé les dents à Cuito Cuanavale

Ici à Cuito Cuanavale, les Sud-Africains se sont cassés les dents. Et tout cela s'est produit avec un minimum de pertes — un minimum de pertes ! — parmi nos propres forces, cubaines et angolaises. [...]

La stratégie cubano-angolaise ne visait pas simplement à freiner l'ennemi à Cuito Cuanavale, mais à concentrer les forces et les moyens suffisants à l'ouest de nos lignes pour avancer vers le sud et menacer des points clés des forces sud-africaines. [...] Nous avons accumulé des forces suffisantes pour menacer sérieusement des emplacements d'importance stratégique pour l'Afrique du Sud et porter des coups durs en terrain choisi par nous et non par l'ennemi. [...]

En seulement quelques semaines, une poignée de pilotes ont accompli des centaines et des centaines de missions. Ils ont ainsi pris le contrôle de l'espace aérien avec les MIG-23. Et réellement, il faut reconnaître qu'ils ont réalisé un grand exploit. Ça a été un facteur important.

Nous avons envoyé en Angola non seulement nos meilleurs pilotes. Nous avons aussi envoyé nos meilleures armes antiaériennes, une grande quantité d'équipement antiaérien portable, une bonne quantité de missiles antiaériens. Nous avons renforcé notre capacité de combat aérien. On a envoyé de nombreux chars d'assaut et il a fallu des véhicules de transport blindés

(Suite page suivante)

> et des pièces d'artillerie. [...] Nous n'avons donné au-
> cune chance à l'ennemi. Aucune chance ! [...]
> C'est ainsi que se sont créées les conditions qui ont
> rendu les négociations possibles.
>
> FIDEL CASTRO
> *LE 5 DÉCEMBRE 1988*

Parce que, sinon, on aurait poursuivi l'offensive ...

CHUI : ... qui aurait pu mettre en péril leur stabilité.

SÍO WONG : Oui. Et à la suite de leur défaite, la Namibie a obtenu son indépendance et Mandela a été libéré après 27 ans de prison.

CHUI : « L'armée sud-africaine s'est cassé les dents, » pour utiliser les mots de Fidel.

SÍO WONG : Comment a-t-il été possible que les Sud-Africains, avec toute leur puissance militaire et économique, aient été obligés de s'asseoir à la table des négociations ? D'un point de vue stratégique, nous avons mené une opération de dissuasion. Notre stratégie a été de concentrer une énorme quantité de tanks dans le sud de l'Angola. Combien de tanks, Chui ? Cinq cents, mille ? Il faudra chercher les chiffres exacts. C'était une force dissuasive qui pouvait pénétrer en Namibie et continuer plus au sud.

L'idée a toujours été de mener la bataille avec le moins de pertes possible. Comment y parvenir ? En ayant une supériorité dans le rapport des forces.

À un moment donné de cette opération, nos troupes en Angola comprenaient 50 000 hommes équipés en pièces d'artillerie, tanks et avions, dont 80 pour cent étaient déployés dans le sud. Là, nous avons ouverts des chemins pour nos tanks et notre artillerie. En seulement dix semaines, nous avons construit une piste d'atterrissage pour permettre à notre aviation de couvrir le front parce que les Sud-Africains avaient une grande quantité d'avions. Jusque-là, ils avaient eu la supériorité aérienne.

Les dirigeants donnent l'exemple

WATERS : Camarade Chui, quelles ont été vos responsabilités dans le cadre de la campagne d'Angola ?

CHUI : Depuis septembre 1972, j'étais chef adjoint de la dixième Direction des Forces armées révolutionnaires, l'unité des FAR chargée de l'aide internationaliste. J'étais sous le commandement de Raúl Díaz Argüelles, qui avait participé à la guerre de libération de la Guinée-Bissau. En décembre 1975, un mois à peine après le début de notre mission internationaliste en Angola, Argüelles, qui commandait nos forces là-bas, a été tué par une mine et j'ai été désigné chef de cette Direction.

Comme l'a expliqué Moisés, j'ai eu moi aussi l'honneur de travailler avec trois chefs : Fidel, Raúl et Almeida. Almeida a été mon chef dans la Sierra et l'est maintenant dans l'Association des combattants de la révolution cubaine.

J'ai travaillé avec Raúl au ministère des Forces armées révolutionnaires depuis ma première jeunesse. C'est lui qui m'a formé et éduqué. Dans cette institution, j'ai été chef de plusieurs départements : du dixième, de l'armement et des cadres. J'ai aussi été substitut du chef d'état-major général.

Et à partir de septembre 1975, pendant deux ans, j'ai eu l'honneur de collaborer avec Fidel et Raúl au poste de commandement spécial qui dirigeait nos forces dans la première étape de l'aide internationaliste au peuple d'Angola. Le poste de commandement de l'opération Carlota, comme on l'appelait, dirigeait l'envoi des forces et du matériel, d'abord à nos instructeurs et ensuite à nos soldats volontaires.

J'ai acquis beaucoup d'expérience, y compris en recevant quelques bons « coups sur la tête » de la part de Fidel. Mais c'est comme ça qu'on apprend et que se forment les cadres supérieurs.

KOPPEL : En quelle année êtes-vous allé en Angola ?

CHUI : J'y suis brièvement allé en 1976. Puis par la suite, j'ai accompli une mission de 1986 à 1988. Comme Mary-Alice l'a dit, Moisés, Choy et moi avons participé à la mission en Angola. Mais ce n'est pas tout. La majorité des officiers des forces armées à cette époque ont accompli une mission internationaliste dans un ou plusieurs pays africains. Nous y avons acquis une expérience de combat, d'organisation des troupes, de transport et d'approvisionnement logistique. À certains moments, nous le faisions conjointement avec les Soviétiques.

En 1977, j'ai participé à l'établissement de la mission militaire en Éthiopie, puis j'ai intégré des projets semblables au Mozambique en 1977 et au Nicaragua en 1979.

En 1986, j'ai été nommé substitut du chef d'état-major de la mission cubaine en Angola, fonction que j'ai occupée jusqu'en décembre 1987. À ce moment-là, à ma demande, j'ai été désigné chef de l'opération 31ᵉ anniversaire, dont la mission était d'assurer le renfort en troupes et en armements pour la bataille de Cuito Cuanavale qui avait commencé en novembre. Cette opération a été organisée et dirigée par le commandant en chef.

SÍO WONG : Je vais vous raconter un fait qui illustre un peu comment Fidel a dirigé les opérations en Angola. En 1984 ou 1985, Fidel est allé en Union soviétique pour assister aux funérailles du secrétaire général du Parti communiste, je ne me souviens pas si c'était Andropov ou Tchernenko [4]. Il y avait

4. Le secrétaire général du Parti communiste de l'Union soviétique, Iouri Andropov, est décédé en février 1984. Il a été remplacé par Konstantin Tchernenko, décédé en mars 1985.

une salle pleine de maréchaux et de généraux qui se demandaient où Fidel avait étudié la stratégie, l'art de la guerre et des opérations militaires. Ils voyaient comment Fidel avait dirigé la guerre en Angola et ils étaient très impressionnés. Encore plus quand les officiers des FAR qui faisaient partie de notre délégation ont répondu, avec un sourire, que Fidel avait étudié à l'académie militaire de la Sierra.

Concevoir une opération de cette envergure à 10 000 kilomètres de distance ! Et ce n'était pas une opération de guérilla. Nous menions une guerre régulière ! Comment un petit pays sans grandes ressources — contrairement à l'Union soviétique ou aux États-Unis — pouvait-il mener à bien une telle opération à cette distance ? Comment pouvait-il vaincre une armée comme celle de l'Afrique du Sud, alliée à l'armée zaïroise et à des mercenaires ?

Chui est témoin. Il était au poste de commandement où, nuit après nuit, Fidel dirigeait les opérations.

Fidel avait une meilleure connaissance du terrain que nous, qui étions sur place en Angola. « Place-toi sur tel fleuve, sur telle petite colline, » disait-il dans ses câbles. Il faisait la même chose que dans la Sierra Maestra, qu'il connaissait comme la paume de sa main. Il disait : « Hé, Machin ! Place-toi sur telle colline. » Il envoyait un message au Che, à Ramiro [Valdés] : « Occupe telle position. » En Angola, c'était pareil. Il envoyait un message au général Leopoldo Cintra Frías, Polo, qui était le chef de la mission militaire durant l'étape finale : « Polito, stationne trois tanks sur tel chemin. Ne te laisse pas déborder par le flanc. »

WATERS : De nombreux officiers supérieurs cubains ont donné leur vie en Angola. Chui mentionnait Raúl Díaz Argüelles, son commandant et chef de la mission en 1975. Dans un de ses hommages à ceux tombés au combat en Angola, Raúl [Castro] a souligné qu'un quart étaient des officiers. Vous-même, Chui, vous avez été gravement blessé. Comment cela est-il arrivé ?

CHUI : Cela s'est passé quand ma brigade de combat a été transférée dans la province de Malanje, au nord de l'Angola. Le 5 mars 1988, j'avançais à la tête du troisième convoi, lequel transportait les moyens techniques. Mon véhicule a fait exploser une mine antitank renforcée et j'ai été éjecté à presque 20 mètres. J'étais dans un état critique. Notre commandant en chef a envoyé un avion pour me ramener à Cuba, à cause de la gravité de mon état. Après toute une bataille, la science médicale a réussi à me sauver la vie. Mais ils ont dû m'amputer de la jambe droite, qui était en très mauvais état. Comme toujours, Fidel s'informait tous les jours de ma santé et donnait des indications précises sur ce qu'il fallait faire. J'ai d'abord été traité à l'hôpital Hermanos Ameijeiras par une équipe multidisciplinaire très compétente. J'ai ensuite été transféré pour mon rétablissement au CIMEQ, le Centre de recherches médico-chirurgicales, et j'ai terminé ma convalescence à l'hôpital militaire Carlos J. Finlay.

SÍO WONG : Dans notre armée, le chef doit être un exemple. Nous y accordons beaucoup d'importance. C'est pareil avec le cadre révolutionnaire. C'est dans notre code d'éthique des cadres. Le chef doit donner l'exemple.

Ceci a toujours été une caractéristique du Che. Il était incapable de donner un ordre qu'il ne pouvait accomplir personnellement. Et avec Raúl et Fidel, c'est pareil.

Pendant la guerre révolutionnaire, comme je l'ai déjà dit, les camarades ont dû écrire à Fidel pour lui demander de ne pas participer aux combats. C'était la même chose avec Raúl sur le second front oriental. Parce que Fidel et Raúl s'exposaient beaucoup au combat. C'est pour cela qu'on les suit. C'est une qualité que Raúl a inculquée à nos chefs militaires.

Ils sont les premiers au combat, les premiers à donner personnellement l'exemple, dans l'austérité, dans la manière de vivre.

Les impérialistes et les contre-révolutionnaires et mafieux de Miami ont donné de Raúl l'image d'un type dur et même sanguinaire, mais il est tout le contraire. Je connais Raúl depuis plus de quarante ans, dont sept à travailler directement avec lui. C'est un homme d'une profonde sensibilité humaine. Toute sa vie, il l'a consacrée à lutter pour le peuple. Il est capable de s'occuper des problèmes les plus importants du pays, et en même temps de se tenir informé des problèmes familiaux et personnels des camarades et de la population.

Dans la vie privée, en dehors du service, nous sommes amis. Je partage des moments avec sa famille et quelquefois ma soeur Angelita l'invite à un repas chinois. Mais au travail, lui, il est le ministre et moi, le subordonné. Il est très droit et exigeant.

C'est pour cette raison qu'on a pu organiser des forces armées avec cette discipline, cet engagement, ce dévouement, prêtes à faire face à n'importe quoi. Comme l'a dit Fidel publiquement, Raúl est l'organisateur d'une armée disciplinée, d'une armée prolétarienne.

CHOY : Raúl exige de la discipline, la même discipline dont il fait preuve. Vous le voyez à sa façon de se vêtir. Maintenant on exige de chacun qu'il porte une casquette, que son uniforme soit boutonné. Lui respecte strictement le règlement vestimentaire des forces armées. Son uniforme est toujours correctement boutonné.

La mission stratégique cubaine

WATERS : Lorsque les volontaires cubains étaient en Angola, vous avez dû faire face à l'UNITA, la force angolaise dirigée par Jonas Savimbi et soutenue par l'Afrique du

Sud et Washington. Quelle était l'approche des forces armées cubaines envers l'UNITA ?

sío wong : Nous n'avons pas directement participé à la
lutte de l'Angola contre les bandits de l'UNITA dirigés par
Savimbi, qui s'interposait à la consolidation de l'indépendance de l'Angola. Nous avons conseillé les forces armées
angolaises, mais nous n'avons pas participé aux combats
contre l'UNITA.

Nous étions là-bas pour aider les Angolais et les Namibiens
contre l'intervention sud-africaine, contre les agressions
extérieures. Nous n'étions pas là-bas pour appuyer un des
groupes de l'intérieur du pays. C'est important de le dire clairement. Nous avons été très prudents afin que nos troupes ne
participent pas aux combats entre Angolais.

Fidel l'a expliqué à de nombreuses occasions. La mission
stratégique de nos troupes était de repousser une invasion
de l'Afrique du Sud et d'empêcher une invasion du Zaïre.
Nous ne sommes pas descendus au sud de la frontière avec
la Namibie. Les problèmes internes, ils devaient les résoudre
entre eux, entre parties belligérantes. Pour nous, cela a toujours été clair.

choy : Nous ne combattions l'UNITA que lorsqu'elle nous
attaquait. Notre mission stratégique était d'empêcher qu'une
invasion de l'Afrique du Sud ou du Zaïre anéantisse le processus révolutionnaire, nationaliste et indépendantiste en
Angola.

chui : Les guerres civiles sont très cruelles. Des citoyens
d'une même nationalité, voire des membres de mêmes familles, se combattent.

sío wong : Nous avons dû également être très vigilants
parce que, comme Chui l'a dit, les Angolais avaient des
conseillers soviétiques en plus des nôtres. Cela a été très
complexe.

On a eu beaucoup de discussions avec les chefs militaires soviétiques sur l'organisation des forces armées populaires de l'Angola. Parce que leur approche et la nôtre allaient dans deux directions totalement différentes. Les Soviétiques envisageaient de créer de grandes divisions, des brigades de tanks, une armée classique. Et au sein de notre haut commandement, Fidel disait que ce dont les Angolais avaient besoin, c'était d'unités légères et non pas de grandes unités. Là-bas, la jungle ne permettait pas à de grandes unités de tanks de se déployer.

Pour faire face à une invasion étrangère, nous étions là-bas avec des groupes tactiques. Ceux-ci étaient composés de petites unités d'infanterie, de tanks, d'artillerie et de défense antiaérienne, conçues pour se déplacer très rapidement et avec une grande maniabilité.

De plus, nous savions par nos services de renseignements que les Sud-Africains avaient sept armes atomiques tactiques. Nous devions en tenir compte. Cela, les Américains le savaient aussi mais ils permettaient aux Sud-Africains de les avoir. Une arme nucléaire anéantit d'un seul coup une grande unité. Alors, nos unités devaient être petites pour de ne pas être très vulnérables.

CHUI : Nous devions aussi tenir compte de la longueur des lignes d'approvisionnement. Ravitailler ces unités plus petites n'était pas non plus quelque chose d'aussi substantiel.

SÍO WONG : Avec les Soviétiques, nous avons eu des discussions très longues et nous n'avons jamais pu nous mettre d'accord. Le temps nous a donné raison.

Les négociations avec l'Afrique du Sud

KOPPEL : Choy, quand étiez-vous en Angola ?

CHOY : J'étais en Angola en 1980-1981. J'étais le chef adjoint de la mission pour la Défense antiaérienne et la Force aérienne révolutionnaire (DAAFAR). Le commandant en chef et le ministre des FAR m'ont aussi donné pour tâche de collaborer avec mon homologue angolais pour organiser la défense antiaérienne et la force aérienne de l'Angola. Ce n'était pas facile parce qu'on se coordonnait avec les Soviétiques. Les Soviétiques envoyaient les moyens techniques et nous le personnel.

KOPPEL : Qu'avez-vous fait à votre retour d'Angola ?

CHOY : De retour à Cuba en 1981, j'ai été affecté à plusieurs postes de direction à la DAAFAR.

En décembre 1986, le Conseil d'État m'a nommé ambassadeur au Cap-Vert, poste que j'ai occupé jusqu'en 1992. Au cours de ces années, c'est dans l'île de Sal, qui fait partie des îles du Cap-Vert, qu'a été conclu l'accord avec les Sud-Africains suite à leur défaite dans la bataille de Cuito Cuanavale. L'accord entre les gouvernements a été signé plus tard aux Nations Unies à New York, mais c'est le 27 juillet dans l'île de Sal que les délégations sud-africaine, angolaise et cubaine ont convenu de l'accord de base. L'essentiel de l'accord était que les Sud-Africains se retireraient définitivement de l'Angola si les unités blindées cubaines stoppaient leur avancée en direction de la frontière avec la Namibie et se retiraient sur une ligne au nord du fleuve Cunene, au sud de l'Angola.

Le jour même de la proposition de l'île de Sal, l'avant-garde de la brigade de tanks d'Enrique Acevedo avait franchi le fleuve Cunene. Mais derrière arrivaient encore plusieurs autres brigades. Nous étions déjà pratiquement à la frontière de la Namibie. Les Sud-Africains étaient stupéfaits du cours des événements. Il y a une anecdote sur les négociations de l'île de Sal.

Comme je vous le disais, les Sud-Africains avaient déclaré qu'ils étaient prêts à se retirer définitivement de l'Angola si les unités militaires cubaines arrêtaient leur marche vers la frontière avec la Namibie et retournaient sur une ligne située au nord du fleuve Cunene. Les Sud-Africains ont dessiné la ligne. Quand la délégation militaire cubaine a analysé cette ligne, elle s'est rendue compte que celle-ci était tellement proche du fleuve que, lorsqu'il pleuvrait, ce serait un vrai bourbier. Et les tanks là-dedans ne pourraient pas se déplacer, courant ainsi le danger réel que des centaines de ces véhicules blindés deviennent des cibles immobiles et faciles si la guerre reprenait. C'est pourquoi la délégation a proposé une ligne encore plus éloignée de la frontière avec la Namibie.

Réagissant à cette proposition, les Sud-Africains ont dit : « Après tout, on dirait que les Cubains ne sont pas si mauvais ! »

Par la suite, une nouvelle réunion s'est tenue dans l'île de Sal, un peu plus d'un an plus tard, pour vérifier la mise en application de l'accord. Lors de cette deuxième réunion, la délégation sud-africaine comprenait le vice-premier ministre aux Relations extérieures, Neil Van Heerden, et quatre généraux. Notre délégation comprenait le général Leopoldo Cintra Frías et moi.

Les Sud-Africains ont commencé en essayant de nous acheter. Van Heerden a commencé en expliquant que l'Afrique du Sud consacrait 500 millions de rands [200 millions de dollars US] par an pour « soutenir » la Namibie. Et il a dit qu'ils étaient prêts à continuer de fournir cet argent à la Namibie tant que la frontière serait calme. Qu'est-ce que ça voulait dire ? De ne pas appuyer le Congrès national africain (ANC) ni les autres mouvements en Afrique du Sud. Autrement dit, il nous demandait pratiquement de commettre une trahison et de faire pression sur la SWAPO (Organisation du peuple du Sud-Ouest africain) pour qu'elle trahisse la lutte contre l'apartheid en Afrique du Sud. Bien sûr, la plus haute direction politique de notre pays ne l'a pas accepté.

À un moment de la réunion, le chef de notre délégation, Carlos Aldana, a dit à Cintra Frías : « Général, informez monsieur Van Heerden de l'armement que nous avons retiré. » Polo cite le nombre de soldats, de canons, et les 800 tanks. Van Heerden est resté bouche bée.

Ils savaient que même après avoir retiré ces forces, il restait encore dans le Sud de l'Angola des milliers de canons, de tanks, de véhicules blindés et d'hommes.

« Et qu'allez-vous faire, à Cuba, de tous ces tanks et tous ces canons ? » a demandé Van Heerden.

On lui a répondu : « On les donnera sûrement aux Milices des troupes territoriales [5]. »

Mais il était toujours bouche bée. Il est clair que les Sud-Africains n'auraient pu résister à cette concentration de forces si elle s'était avancée vers la frontière de la Namibie.

Tout Cuba soutient l'effort en l'Angola

WATERS : Général Sío Wong, quelles ont été vos tâches à vous ?

SÍO WONG : J'ai été en mission en Angola en 1976. J'ai été chef de la logistique, c'est-à-dire de l'approvisionnement de la mission militaire, une opération réalisée par un petit pays à 10 000 km de distance.

Je me rappelle avoir lu un article dans la presse américaine, je crois que c'était le *New York Times*, qui disait combien le gouvernement nord-américain était stupéfait de l'opération que nous avions réalisée. Il disait que la logistique avait été assurée de manière extraordinaire, affirmant que pas même le rhum Havana Club n'avait manqué aux soldats cubains dans les tranchées. C'était un mensonge. Ils pensaient peut-être que c'était comme pour les soldats

5. Voir glossaire : Milices des troupes territoriales.

américains à qui l'on apporte jusqu'à la dinde, la crème glacée, etc., les jours de fête.

Le ravitaillement, oui. Le combattant doit avoir un minimum d'appui. Nous, nous avons pu faire ça parce que nous sommes un pays socialiste. Dans la limite de nos moyens, toutes les ressources nécessaires ont été mises à la disposition des combattants.

Il faut reconnaître le courage des camarades qui montaient dans ces vieux Britannias, des quadrimoteurs obsolètes qui avaient pratiquement cessé d'être utilisés au début de la mission angolaise, vers le milieu des années 1970. Nous les avons équipés de quelques réservoirs de carburant supplémentaires pour qu'ils puissent se rendre jusqu'à l'île de Sal, face à la côte de l'Afrique de l'Ouest. Ils devaient d'abord faire une escale en Guyane et ensuite une autre sur l'île de Sal. Les premiers instructeurs arrivaient en Angola en trois escales. Pour voler dans ces Britannias, il fallait être courageux, être prêt à risquer sa vie. Après, les Soviétiques ont accepté qu'on utilise leurs IL-62 pour un certain nombre de vols, pour transporter une partie de nos troupes. Je me rappelle qu'il y a eu dix vols au début de la mission. Moi, j'étais dans un de ces vols.

Nous avons utilisé notre flotte marchande pour transporter des milliers de soldats et une grande quantité de matériel de combat. Ça a été une opération secrète qui s'est aussi faite depuis plusieurs ports. Seul un pays comme Cuba pouvait le faire, avec cet esprit de solidarité.

Je le répète : pour ces missions internationalistes, nous avons mis tout le pays à contribution, en fonction de l'effort à accomplir. Parce que nous considérions que c'était quelque chose de vital.

Non, nous ne leur avons pas apporté de bouteilles de Havana Club. Mais oui, tout ce qui était indispensable était assuré. Nous avons établi un pont de ravitaillement sur une distance de 10 000 km. Cela, ce sont des pays aussi puissants que les États-Unis ou la Russie qui le font, qui ont de grandes flottes d'avions et de bateaux. Les militaires des États-Unis ont conçu leurs forces armées pour livrer des guerres sur deux fronts en même temps. Ils ont l'armement pour ça. Et ils possèdent tout l'équipement et toute la logistique.

Ayant été chef de la logistique, cet article du *New York Times* a attiré mon attention. Mais nous sommes arrivés à le faire parce que le pays tout entier s'est mobilisé pour cela : assurer l'approvisionnement des troupes. Ce chapitre n'a pas encore été gravé dans l'histoire, mais ce fut une véritable prouesse.

D'un point de vue humain, nos troupes sont allées en Angola dans une mission internationaliste. Cela aussi a fait partie du travail anonyme de notre peuple. Les gens ne demandaient pas où on allait parce qu'on ne pouvait pas non plus le leur dire. Par exemple, un régiment allait embarquer au port de Nuevitas, à Camagüey. Alors, on faisait circuler le bruit que le régiment de la Havane allait faire une manoeuvre là-bas, au centre national d'entraînement des FAR. Et le régiment embarquait en secret pendant la nuit. Pour une traversée sans escorte pendant laquelle un bateau pouvait parfaitement être coulé. Imaginez un bateau transportant un millier de soldats, qui pouvait facilement être attaqué par une de ces vedettes pirates, rapides et armées d'un bazooka. Nous avons couru ce risque. C'est pour ça qu'il fallait opérer en secret.

Un jour, il faudra que les académies militaires l'étudient. Comment est-ce que cela a été possible ? Avec la participation de tout le peuple, incontestablement.

CHUI : Cet effort avait l'appui de la population en général. Il n'y a pas de doute là-dessus. Le peuple pouvait apprécier la vision de direction en train de se manifester. Il avait confiance en Fidel comme dirigeant. Le champ de bataille était en Angola, mais les gens comprenaient parfaitement les instructions qui venaient d'ici et ils les suivaient.

Un point tournant dans l'histoire de l'Afrique

KOPPEL : Aux États-Unis, les gens savent très peu sur ce qu'a fait la révolution cubaine pour aider les luttes anti-impérialistes en Angola et dans le reste de l'Afrique. Mais il y aura beaucoup d'intérêt à le connaître.

CHUI : Au cours des années 1970, nous avons été un facteur déterminant dans la conquête de l'indépendance par les trois grandes colonies de l'empire portugais sur ce continent : l'Angola, le Mozambique, et la Guinée-Bissau et Cap-Vert. Mais il y a des faits qui ne sont pas très connus.

Dans le cas de la Guinée-Bissau, par exemple, le PAIGC [Parti africain pour l'indépendance de la Guinée et du Cap-Vert] dirigé par Amílcar Cabral a sollicité l'aide cubaine dans la lutte pour l'indépendance de son pays. Et nos troupes ont joué un rôle important dans la défaite de l'armée portugaise, ce qui a conduit en 1973 à la libération de la majeure partie de la Guinée-Bissau. Ce succès a secoué le gouvernement du Portugal et contribué à la « révolution des oeillets » de 1974. À partir de là s'est enclenché un « effet domino » dans les colonies portugaises, avec l'indépendance de l'Angola, du Mozambique et de São Tomé-et-Príncipe[6].

Choy connait bien cette histoire à cause des années pendant lesquelles il a été ambassadeur au Cap-Vert.

Le cas de l'Angola mérite particulièrement d'être souligné. Nos troupes y ont combattu aux côtés du peuple angolais

---

6. La dictature portugaise a été renversée en avril 1974 (voir glossaire : Portugal, révolution). Le Mozambique a obtenu son indépendance en juin 1975, São Tomé-et-Príncipe en juillet 1975, l'Angola en novembre 1975.

pendant plus de 15 ans. Et non seulement avons-nous aidé à vaincre l'armée sud-africaine, mais nous avons aussi contribué à l'élimination de l'apartheid et à l'indépendance de la Namibie.

De ce que nous avons accompli en Afrique, nous, Cubains, n'avons ramené aucune récompense matérielle pour le pays. Seulement nos morts et nos blessés, et la satisfaction du devoir accompli.

SÍO WONG : L'histoire a démontré que nous avions raison. Nous ne luttions pas seulement pour l'Angola. D'un point de vue stratégique, nous luttions contre l'apartheid. Et effectivement, à Cuito Cuanavale, quand cette armée s'est cassé les dents, ils ont été contraints de s'asseoir à la table des négociations, d'accorder l'indépendance à la Namibie, de libérer Nelson Mandela et d'accélérer le processus qui, peu après, a abouti à la destruction de l'apartheid même.

L'Angola a renforcé la révolution cubaine

WATERS : Quel a été l'impact, ici, à Cuba ? Tout le monde n'a pas été d'accord pour investir toutes ces ressources et maintenir ce cours pendant tant d'années. La mission internationaliste en Angola a-t-elle renforcé la révolution cubaine ?

CHOY : Eh bien, elle nous a vraiment renforcés sur le plan idéologique. Parce que nous tous qui y sommes allés, nous avions étudié l'esclavage, l'exploitation de l'homme par l'homme, l'exploitation des pays du Sud de l'Afrique. Nous avions étudié les maux causés par le colonialisme dans le passé et encore aujourd'hui. Mais nous l'avions seulement lu dans les livres.

Dans mon cas personnel — et je suis sûr qu'il en a été de même pour d'autres Cubains — je suis allé là-bas et j'ai pu voir de mes propres yeux ce qu'était le système colonial. Une

Une armée révolutionnaire du peuple

La présence cubaine en Angola s'est faite dans la continuité des meilleures traditions nationales. S'il y a eu quelque chose de particulier à son sujet, c'est la participation populaire massive, qui n'avait jamais atteint un tel niveau auparavant et qui a laissé libre cours à la volonté de tout un peuple de participer à une épopée. Mais ce qui est encore plus significatif et important, c'est le caractère absolument volontaire de cette participation.

Notre armée n'était pas seulement une armée professionnelle, même si nous sommes fiers de la performance au combat et de la technique de nos troupes. C'est aussi une armée des masses, une armée révolutionnaire du peuple. [...]

Comme nous l'avions promis dès le début, nous n'avons rien rapporté en revenant, sinon la satisfaction du devoir accompli et les dépouilles de nos combattants tombés au combat. [...]

Dans toute cette épreuve, les commandants et les officiers ont joué un rôle considérable en prenant d'innombrables décisions. On leur avait demandé avant tout de donner l'exemple. Et c'est ce qu'ils ont fait jusqu'au bout, ce qu'illustre le fait que parmi les combattants qui sont tombés au combat, un sur quatre avait un grade d'officier. [...]

Quand nous ferons face à des défis nouveaux et inattendus, nous pourrons toujours évoquer l'épopée de l'Angola avec gratitude. Parce que sans l'Angola,

(Suite page suivante)

> nous ne serions pas aussi forts que nous le sommes
> aujourd'hui.
>
> Si notre peuple se connaît mieux, si nous compre-
> nons beaucoup mieux ce dont nous sommes tous
> capables — vétérans et jeunes, les nouvelles généra-
> tions — c'est aussi grâce à l'Angola.
>
> Si aujourd'hui nous sommes plus conscients de
> l'oeuvre de la révolution parce que nous avons connu
> les survivances néfastes du colonialisme et du sous-
> développement, nous devons en remercier l'Angola. [...]
>
> RAÚL CASTRO
> *LE 27 MAI 1991*

différenciation totale entre les Blancs, les Européens — dans
ce cas, il s'agissait des Portugais — et la population native.
Nous avons vu l'exploitation à laquelle cette dernière était
soumise. Nous avons vu un pays extrêmement riche, mais
les conditions dans lesquelles vivaient les Angolais étaient
pour nous inhumaines. Parce qu'on leur volait les richesses
du pays. Parce que les colonialistes n'avaient préservé ni les
forêts, ni les terres.

Quelquefois, on se déplaçait en véhicule et les gens qui
marchaient le long de la route s'écartaient en courant lorsqu'ils nous entendaient venir. Après, on a su pourquoi. Sous
le régime portugais, si les natifs ne se poussaient pas, les colonialistes leur fonçaient parfois dessus avec leurs véhicules.
Après des générations de mauvais traitements de ce genre,
chaque fois qu'ils entendaient venir un véhicule, ils s'en-
fuyaient en courant. Et pas seulement du bord de la route. Ils
s'écartaient parce qu'ils avaient été maltraités pendant des
années et des siècles.

La principale leçon de cette mission a été de voir la cruauté du colonialisme envers les natifs et le vol sans retenue de leurs richesses naturelles. Un pays avec autant de richesses naturelles que l'Angola et pourtant une population confrontée aux nécessités les plus élémentaires !

C'est pour ça que je disais que connaître la vérité nous a renforcés idéologiquement. La même chose se produit chaque fois que nous voyons dans de nombreux pays capitalistes une partie de la population ne pas avoir accès aux conditions de vie les plus élémentaires. Par exemple, la première fois que je suis passé par Madrid, c'était un mois de décembre où il faisait très froid. Dans la Gran Vía, qui est la principale artère de cette grande ville, j'ai vu des personnes couvertes de sacs et de journaux dormir près d'une bouche de chauffage.

Il y a des choses qu'on lit dans les livres et on croit qu'elles sont vraies. Mais tant qu'on ne les a pas vues de ses propres yeux, on ne peut comprendre en profondeur la réalité sur laquelle Karl Marx a écrit. Voilà, je crois, une des leçons que nous avons tous apprise de ces missions internationalistes.

Ce sont les mêmes leçons qu'apprennent nos médecins, entraîneurs sportifs et autres spécialistes qui vont dans beaucoup de ces pays, y compris des pays qui ont des richesses naturelles mais qui ont un retard considérable et de grands contrastes. Les ressources ne sont pas utilisées pour aider la masse de la population. Et cette arriération n'existe pas seulement en Afrique, mais aussi en Amérique.

Par exemple, la Bolivie a beaucoup de mines d'étain. Elle a du pétrole et du gaz naturel. Et pourtant là-bas, il y a un retard énorme. En Équateur, c'est pareil même si c'est un des principaux pays exportateurs de pétrole. Il y a des problèmes sociaux permanents parce qu'une grande partie de la population vit dans des conditions pratiquement inhumaines.

Tant qu'on n'a pas vu ces réalités, on ne peut comprendre la profondeur du problème. On ne peut comprendre les besoins de ces peuples. Le contact direct avec eux renforce notre compréhension. Ces missions ont rendu concrète cette compréhension. Dans les missions diplomatiques, on voit la même réalité d'un angle différent. Moi, j'ai pu voir les pressions que Washington et les autres puissances impérialistes exercent sur ces pays.

Une fois, je parlais avec le secrétaire d'État à la Coopération du Cap-Vert, un titre équivalent à celui de vice-ministre aux Affaires étrangères. C'était quelqu'un de bien et nous avions de bonnes relations. Il m'a expliqué : « L'ambassadeur US m'a parlé de ce problème et nous a menacés en disant que si nous adoptions telle position, ils réduiraient l'aide économique. » Ce sont des choses qu'on lit, mais c'est différent quand on les voit et les entend nous-mêmes. Moi, j'ai eu l'occasion de l'observer quand j'étais diplomate. Parfois, tu ne peux pas non plus dénoncer ces choses publiquement. Moi, je pensais que les Cap-Verdiens auraient dû faire une déclaration mais ils ne l'ont pas fait. Et c'étaient des pays amis. Ils évitaient de faire une déclaration qui aurait heurté les intérêts des États-Unis.

C'était comme ça.

CHUI : Comme le disait Choy, cette expérience nous a tous développés d'un point de vue politico-idéologique. Mais l'impact majeur s'est fait sentir sur les soldats. En Angola et dans d'autres pays d'Afrique, ils ont directement vu l'analphabétisme, la misère, l'inculture, l'insalubrité — les conditions dans lesquelles vivent toujours ces peuples.

Laissez-moi vous raconter une anecdote. Une fois, en Angola, nous avons tué un porc et j'ai dit à un des soldats cubains de donner un morceau de patte aux Angolais. Ces

Le peuple cubain a fait une contribution sans parallèle dans l'histoire de l'Afrique

Le peuple cubain occupe une place particulière dans le coeur des peuples d'Afrique. Les internationalistes cubains ont fait à l'indépendance, la liberté et la justice en Afrique une contribution dont le caractère désintéressé et de principe est sans parallèle. Dès les premiers jours, la révolution cubaine a elle-même été une source d'inspiration pour tous les peuples épris de liberté. [...]

Quel autre pays peut donner l'exemple d'un aussi grand altruisme que celui offert par Cuba dans ses relations avec l'Afrique ?

Combien de pays dans le monde bénéficient des travailleurs de la santé ou des éducateurs cubains ? Combien parmi eux se trouvent en Afrique ?

Où est le pays qui avait sollicité l'aide de Cuba et se l'est vu refuser ? Combien de pays sous la menace de l'impérialisme ou en lutte pour leur libération nationale ont pu compter sur le soutien de Cuba ?

J'étais en prison lorsque j'ai entendu parler pour la première fois de l'aide massive que les forces internationalistes cubaines fournissaient à la population de l'Angola, une aide d'une telle ampleur qu'elle était difficile à croire, lorsque les Angolais ont subi en 1975 une attaque coordonnée de troupes d'Afrique du Sud, du FNLA financé par la CIA, de mercenaires, de l'UNITA et du Zaïre.

En Afrique, nous sommes habitués à être victimes de pays qui veulent découper notre territoire ou miner

(Suite page suivante)

> notre souveraineté. Il n'y a pas de précédent dans l'histoire de l'Afrique d'un autre peuple qui s'est levé pour défendre l'un d'entre nous.
>
> NELSON MANDELA
> MATANZAS, CUBA
> *LE 26 JUILLET 1991*

derniers ont répondu qu'ils n'en voulaient pas. Quand nous leur avons demandé pourquoi ils n'en voulaient pas, ils ont répondu qu'ils voulaient les viscères, les tripes. C'était ce que le maître, le colon, avait l'habitude de leur donner. Ils étaient habitués à manger cela. En réalité, ils n'aimaient pas d'autre partie parce qu'ils n'en avaient pas l'habitude.

Nos combattants ont pu observer que, dans ces pays, les populations ont des besoins que nous n'avons pas. En général, ils en ont tiré beaucoup de leçons et en ont acquis des expériences précieuses sur les inégalités et les injustices du monde d'aujourd'hui.

Il y a beaucoup de gens dans le monde qui dénigrent notre position d'aide aux peuples d'autres pays qui combattent l'oppression impérialiste. Mais à Cuba, cela nous a permis de consolider le développement politique et idéologique des jeunes qui sont allés se battre et aider d'autres peuples, qui ont compris la justesse de leur lutte et sont devenus fiers par la suite de cette mission. Il ne pourrait pas y avoir de meilleur exemple de cela que celui de nos Cinq héros, qui sont aujourd'hui prisonniers de l'empire à cause de la mission internationaliste qu'ils accomplissaient pour défendre le peuple cubain contre les attaques terroristes. Ils font partie de cette génération et trois d'entre eux ont accompli une mission en Angola[7].

---

7. Voir glossaire : Cinq Cubains.

síO WONG : À ce qu'ont dit les camarades, il faut ajouter ce qui arrive à nos jeunes médecins quand ils vont dans d'autres pays. C'est un choc. Voir mourir un patient parce qu'il n'a pas d'argent. Cela n'arrive pas à Cuba. Ce vécu vaut plus que cent leçons tirées d'un manuel de marxisme. C'est une préparation formidable pour les jeunes.

Actuellement, nous n'avons pas de missions internationales de combat. Nous avons un autre type de mission, avec des médecins, des maîtres d'écoles et d'autres encore. Le simple fait que ces camarades vont vivre dans un pays capitaliste a un profond impact sur eux. C'est quelque chose que nous trois avons vécu quand nous avons grandi. Mais les jeunes d'aujourd'hui ne l'ont pas vécu.

On peut dire beaucoup de choses aux enfants sur comment était la vie dans le passé. Je me rappelle que, quand j'étais jeune, mes frères parlaient du « machadato », la dictature de Machado qu'il y a eu ici dans les années 1930. Ils me parlaient de la grande crise économique de ces années-là. Mais ce n'est pas la même chose que de le voir, sentir et vivre. Ce n'est pas la même chose de dire : « Le capitalisme, c'est ça et ça. » Ce n'est pas pareil. Non, vis-le là-bas. C'est une expérience pour nos jeunes, pour notre peuple. Parce qu'après, ceux qui y vont — médecins, instructeurs, techniciens, spécialistes — ils le transmettent à toute leur famille.

WATERS : La mission internationaliste en Angola a-t-elle eu un impact sur la capacité de défense de Cuba ?

síO WONG : Je voulais parler de cela aussi, de comment elle nous a été utile. Plus de 300 000 Cubains ont acquis une réelle expérience de combat en Angola. Cela, le Pentagone doit en tenir compte quand il fait ses analyses.

À l'heure actuelle, ils sont en train de déclassifier certaines choses, par exemple des documents ultrasecrets sur la crise d'octobre 1962. Ces documents ont montré de façon très

concrète comment les dirigeants US soupèsent leurs décisions. Kennedy a demandé aux chefs du Pentagone combien
il y aurait de pertes dans une invasion de Cuba. Ils lui ont dit
qu'il y avait un estimé de 18 000 pertes dans les dix premiers
jours. Le prix à payer serait très élevé, considérable [8].

Comme l'a dit le commandant en chef, pendant la crise
d'octobre, personne ici n'a tremblé ni eu peur. Ici, le peuple
est vraiment préparé, ferme et décidé.

C'est de cela que le Pentagone doit tenir compte.

---

8. Cela est raconté en anglais et en espagnol dans le livre *Faire l'his-
    toire*. Voir aussi le glossaire : Crise des « missiles » (Crise d'octobre).

La guerre de tout le peuple

WATERS : Général Sío Wong, la tâche qui a été la vôtre pendant presque 20 ans — président de l'Institut national des réserves d'État de Cuba — est étroitement liée à la défense de Cuba. Pouvez-vous nous expliquer ce que sont les réserves ?

SÍO WONG : L'Institut national des réserves d'État a été créé en 1981. Au cours des décennies 1960 et 1970, le gouvernement a accumulé des réserves à utiliser en cas de guerre ou d'autres urgences. Les FAR ont accumulé leurs propres réserves. Mais à la fin des années 1970, nous avons reconnu la nécessité d'accroître systématiquement ces réserves et de créer un organisme qui en assume entièrement la direction et le contrôle.

La tâche de l'INRE consiste à accumuler des ressources matérielles pour garantir le développement normal et le fonctionnement de l'économie en temps de paix, prévenir et atténuer les conséquences des catastrophes naturelles et renforcer la capacité de défense du pays.

WATERS : Vous avez précisé que l'INRE a été créé en 1981. Les menaces de Washington contre Cuba se multipliaient à cette époque à cause de la solidarité cubaine avec les nouveaux gouvernements des travailleurs et des agriculteurs à la Grenade et au Nicaragua.

SÍO WONG : Oui, l'INRE a été créé précisément au moment où se durcissait la politique des États-Unis envers ces révolutions. Reagan venait d'assumer la présidence. Les Soviétiques nous avaient dit que nous n'étions pas sous le parapluie atomique. Ceci, Raúl l'a expliqué publiquement[9]. C'est alors que nous avons changé notre doctrine militaire. Nous avons adopté la doctrine de la guerre de tout le peuple. Autrement dit, nous nous défendons avec nos propres forces et nos propres moyens, sur la base suivante : chaque homme — et chaque femme — a une arme : un fusil, une mine, une pierre, quelque chose pour combattre l'ennemi.

Nous avons une première réserve, constituée par les Milices des troupes territoriales créées en 1980, mais dont l'origine remonte aux Milices nationales révolutionnaires créées en 1959. De plus, une grande partie du peuple est organisée dans le cadre des Brigades de production et de défense.

Beaucoup d'amis nous ont fait remarquer que nous n'avons pas signé le traité sur les mines antipersonnel. López Cuba l'a très bien expliqué dans *Faire l'histoire*. La mine antipersonnel est l'arme du pauvre. Nous n'avons ni missiles ni armes atomiques. Mais nous devons nous défendre. La mine est une arme défensive, purement défensive[10].

9. Dans une interview publiée le 21 avril 1993 dans le journal *El Sol de México*, Raúl Castro a raconté qu'en 1981, il avait rencontré de hauts dirigeants soviétiques, dont le secrétaire général du Parti communiste Léonid Brejnev, pour discuter comment répondre à l'escalade des menaces de Washington. La direction soviétique a explicitement indiqué à Castro qu'elle n'était pas disposée à défendre Cuba contre une attaque des États-Unis. Selon Castro, Brejnev a dit : « Nous ne pouvons combattre à Cuba parce que vous êtes à 11 000 kilomètres. On va aller là-bas pour qu'ils nous cassent la figure ? » L'interview a également été publiée dans *Granma* en avril 1993.

10. Entrevue avec le général de division Néstor López Cuba, *Faire l'histoire*.

WATERS : Et la réserve d'État, c'est aussi une arme défensive ?

SÍO WONG : Une des missions des réserves est précisément de renforcer la capacité de défense du pays. Espérons que nous n'aurons pas à les utiliser en temps de guerre. La meilleure façon de gagner la guerre est de l'éviter. Pour l'éviter, nous devons être forts.

Si nous voulions identifier un événement qui a démontré cette préparation à la défense, ce serait l'exercice stratégique Bastión 2004 qui a eu lieu en décembre de cette année [11]. Tout le pays y a participé. Des centaines de milliers de personnes se sont mobilisées le dernier jour de l'exercice, qui a duré pratiquement une semaine. Cela faisait près de dix ans qu'un tel exercice n'avait pas été organisé à Cuba. Je crois que le dernier s'est déroulé en 1996. Bastión 2004 a été dirigé personnellement par Fidel, le commandant en chef, en tant que président du Conseil de défense nationale. Il a permis de vérifier que notre peuple, le pays, est prêt à faire face à une agression.

Nous avons analysé les guerres US contre la Yougoslavie en 1999 et contre l'Irak en 2003 et nous avons intensifié la préparation du peuple pour renforcer les capacités défensives du pays [12]. La doctrine US consiste à utiliser la technologie et la puissance militaire qu'ils détiennent — aviation et systèmes de missiles — pour faire plier l'ennemi avec le plus petit nombre possible de pertes américaines. C'est ce qu'ils ont fait en Yougoslavie. C'est ce qu'ils ont aussi essayé de faire en Irak. Ils croyaient que ça allait être une promenade.

Dans la guerre en Yougoslavie, les forces armées des États-Unis ont utilisé leur puissance aérienne pour faire plier le

---

11. Les exercices Bastión continuent à avoir lieu à tous les quatre ans en décembre.

12. Voir glossaire : Irak, guerre (2003) ; Yougoslavie, guerre menée par les États-Unis.

gouvernement yougoslave en 80 jours. S'il avait été possible de résister quelques semaines de plus, l'opinion mondiale aurait continué à se tourner contre les bombardements. Le Pentagone était en train d'analyser ce qui serait requis pour une invasion terrestre. Ils étaient au courant d'une particularité de la Yougoslavie : pendant la deuxième guerre mondiale, les partisans de Tito ont fortifié les montagnes et, dans les années qui ont suivi, le pays a continué de perfectionner sa défense. Nous avons envoyé des délégations militaires pour étudier le système de défense yougoslave. Toutes les réserves nécessaires étaient enfouies dans des tunnels souterrains, dans les montagnes. C'est ainsi que les 80 jours de bombardements US n'ont pas même affecté un pour cent de la capacité militaire de la Yougoslavie. L'OTAN et le Pentagone ont calculé le nombre de pertes qu'ils allaient subir dans une agression terrestre. C'est ce qu'ils voulaient éviter. Dans une guerre, tôt ou tard, c'est au sol qu'il faut occuper le territoire.

« Une guerre télévisée, » disaient froidement certains en parlant de l'agression US. « Aujourd'hui, nous allons bombarder la centrale thermoélectrique, demain nous allons bombarder tel pont, » etc. Mais c'est comme ça qu'ils ont fait plier la volonté politique de résistance du gouvernement yougoslave.

Cela ne se produirait pas à Cuba. Notre peuple n'est pas divisé. Nos généraux ne se vendent pas, comme c'est arrivé en Irak. On ouvre un compte en Suisse, on achète les généraux et les troupes ne combattent plus.

Ce n'est pas que les impérialistes ne peuvent pas nous bombarder et nous envahir. La guerre du Vietnam a duré plus de dix ans. Les États-Unis ont perdu 58 000 soldats. La résistance du peuple vietnamien a suscité l'émergence d'un puissant mouvement contre la guerre à l'intérieur même des États-Unis. À la fin, les dirigeants de ce pays ont dû se retirer du Vietnam.

Dans le cas d'une agression contre Cuba, en seulement un an — c'est-à-dire plus ou moins le dixième de ce qu'a duré la guerre du Vietnam — le nombre des pertes US ne sera pas inférieur à 10 000. Nous avons fait ce calcul en tenant compte du degré de préparation acquis par les Forces armées révolutionnaires et par le peuple de Cuba, mis en évidence lors de Bastión 2004. L'opposition à la guerre augmentera au sein de la population des États-Unis, comme cela s'est produit avec le Vietnam.

Mais pour résister, il faut avoir des réserves. Il faut avoir des réserves pour obliger les impérialistes à décider s'ils vont déployer des troupes au sol et subir des pertes qui vont affecter le soutien à la guerre.

Pour nous, les réserves les plus importantes sont les réserves patriotiques de notre peuple. Mais nous devons aussi avoir des réserves matérielles. Nous sommes une île. Ils peuvent facilement nous imposer un blocus. C'est ce qu'a fait le gouvernement US pendant la « crise des missiles » en octobre 1962. Dans de telles circonstances, de quelle quantité de pétrole aurons-nous besoin ? Quelle quantité de nourriture faut-il pour nourrir 11 millions d'habitants ? Nous ne pouvons dépendre du pétrole étranger, de la conjoncture du marché mondial.

Tous les pays ont des réserves. Mais le pays qui a la plus grande variété de produits dans ses réserves est Cuba. Non seulement du carburant, des lubrifiants, de la nourriture, des médicaments et des matières premières, mais des crayons et des cahiers pour que les écoles continuent de fonctionner.

Il y a un décret du président du Conseil d'État, dans lequel Fidel définit notre politique en matière de réserves. Dans le premier attendu, il est dit :

« L'augmentation, la conservation et le contrôle des réserves matérielles est une condition indispensable à la sécurité de la nation, à l'alimentation et au bien-être du peuple. »

C'est ça, le rôle des réserves. C'est ce qu'a expliqué Fidel
en janvier 2005 à la réunion internationale des économistes,
quand il a dit que Cuba avait atteint l'invulnérabilité militaire et que nous travaillions à atteindre l'invulnérabilité
économique.

WATERS : Deux grands défis économiques et sociaux reçoivent actuellement une attention importante de la part de
la direction. Ce sont les problèmes du réseau de production
d'électricité et les effets de la sécheresse sans précédent qui
affecte plusieurs provinces de l'est de Cuba. Ce sont là aussi
des problèmes stratégiques qui ne sont pas sans rapport avec
les réserves et la capacité de Cuba de se défendre. Pouvez-
vous décrire ce à quoi vous faites face ?

SÍO WONG : Notre réseau national d'énergie électrique a été
conçu il y a plus de 40 ans. Le réseau est né dans le cadre des
relations favorables que nous entretenions avec l'Union soviétique à cette époque. Tout le pétrole, toutes les pièces, les
câbles, la technologie, tout venait de l'Union soviétique. Mais
pour faire fonctionner quoi que ce soit produit avec la technologie soviétique, il fallait lui adjoindre un réservoir d'essence.
Et un avion de ravitaillement derrière. Avec les automobiles,
c'était pareil ; avec les camions et les tracteurs aussi.

Tout le réseau national d'énergie électrique repose sur sept
usines thermoélectriques principales reliées les unes aux
autres. Cela veut dire que le réseau est très vulnérable. Si une
usine tombe en panne, ça entraîne de graves conséquences
pour tout le réseau. L'année passée, l'axe de la turbine de la
centrale Antonio Guiteras dans le Matanzas s'est endommagé. C'est notre centrale thermoélectrique la plus moderne
et la plus efficace, construite avec de la technologie française.
Il a fallu démonter l'axe, affréter un avion et envoyer l'axe à
Mexico pour le faire réparer. La mise hors service de ces 350
mégawatts a déstabilisé tout le réseau.

Ce qui a aussi contribué à la crise de l'électricité est l'allongement des périodes de réparation et d'entretien des autres centrales électriques depuis qu'elles ont commencé à utiliser le pétrole brut cubain, au début de la période spéciale[13]. En faisant cela, nous avons économisé des millions. Mais ce brut contient beaucoup de souffre. Sa combustion est moins propre, ce qui implique plus d'arrêts pour entretenir les centrales.

La centrale nucléaire que nous étions en train de construire à Juraguá, dans la baie de Cienfuegos, était conçue pour renforcer le réseau, réduire sa vulnérabilité. Nous avions prévu une autre centrale nucléaire à Holguín. Les centrales nucléaires allaient servir à augmenter et, plus tard, remplacer une grande partie du réseau. C'était le plan. Mais le complexe de Juraguá était un projet que nous avions en commun avec les Soviétiques et, en 1991, l'Union soviétique s'est effondrée[14].

On avait déjà investi près d'un milliard de dollars. Il manquait un autre milliard pour la terminer. La Russie n'allait pas faire cet investissement. Nous, nous n'étions pas en position de le faire.

Et il y avait un autre problème. De qui allions-nous dépendre pour le combustible nucléaire ? D'Eltsine ? De Poutine ?

Nous n'avions pas d'alternative. Nous avons décidé de suspendre le projet.

13. Voir glossaire : Période spéciale. Pour en savoir plus sur la période spéciale, voir la troisième partie.

14. Les travaux de la centrale nucléaire de Juraguá ont commencé en 1983, avec la collaboration soviétique. Après l'effondrement de l'Union soviétique en 1991, le projet a été suspendu. En 1997, Fidel Castro a annoncé qu'il n'y avait pas de plan de relance des travaux de la centrale de Juraguá.

Fidel a mentionné quelques-unes des mesures que nous sommes en train de prendre pour faire face à la crise de l'électricité [15]. Cuba a doublé la quantité de devises à investir dans ce secteur en 2005. On est en train d'installer des moteurs et des équipements d'une valeur de plus de 280 millions de dollars, ce qui nous permettra de disposer au bout d'un an d'un million de kilowatts additionnels d'énergie électrique. La stratégie consiste à utiliser des générateurs plus petits et plus performants tout en régionalisant leur implantation. Ceci permet d'éviter les pertes d'électricité quand on la transporte par ligne sur de longues distances et de nous protéger contre les ouragans qui nous frappent chaque année et occasionnent des coupures dans le réseau national d'énergie électrique.

On va ajouter à cela 500 000 kilowatts d'une nouvelle centrale qui vient d'être terminée dans la région orientale et on va augmenter le nombre de centrales électriques qui utilisent le gaz issu de la production de notre pétrole brut. Combinées à d'autres mesures destinées à réduire la consommation d'énergie — comme la distribution de nouvelles cocottes minute et de nouveaux ventilateurs plus efficaces, le remplacement des joints et thermostats des réfrigérateurs et la substitution des ampoules à incandescence par des ampoules à basse consommation — ces mesures vont effectivement permettre de doubler la quantité d'électricité disponible pour la production, les services et la consommation domestique à partir du deuxième semestre de 2006.

Mais voilà l'héritage que nous devons gérer aujourd'hui et pourquoi les difficultés sont si grandes.

WATERS : Et la sécheresse ?

15. Le discours de Fidel Castro du 26 juillet 2005, dans lequel il a mentionné quelques-unes de ces mesures, a été publié dans l'édition du 31 juillet de *Granma International*.

sío WONG : C'est la pire jamais enregistrée à Cuba. Elle affecte surtout les provinces d'Holguín, Las Tunas et Camagüey. Elle a touché plus de deux millions et demi de personnes dans les moments les plus critiques. On a dû distribuer de l'eau avec des camions citernes à deux millions de personnes ainsi qu'aux animaux. Tout Camagüey est une zone d'élevage.

Malgré le manque de ressources matérielles, nous avons décidé qu'il n'y avait pas d'autre solution. Nous allons construire deux grands réseaux hydrauliques et les canalisations nécessaires pour transporter l'eau jusqu'aux zones affectées. C'est une oeuvre gigantesque. Un de ces projets dans la partie centrale de l'île avait débuté avant la période spéciale, mais le travail avait été interrompu faute de ressources, de carburant, de machines, etc. Mais maintenant, on va le poursuivre. Il apportera l'eau à Camagüey depuis le centre du pays. L'autre projet va commencer dans les montagnes orientales, là où il pleut le plus à Cuba, dans la région de Moa. Là, nous allons construire plusieurs barrages pour transporter l'eau vers Holguín, Las Tunas et jusqu'à Camagüey grâce à un réseau de canalisations, canaux et tunnels.

C'est un projet énorme mais dont l'impact économique est très grand.

WATERS : Les réserves ont aussi été importantes pour faire face à la guerre économique contre Cuba que le gouvernement US a intensifiée au cours des 15 dernières années, n'est-ce pas ?

sío WONG : De nombreux camarades ne se rendent pas compte à quel point le blocus du gouvernement US nous affecte[16].

---

16. Washington maintient un embargo commercial contre Cuba depuis février 1962. Avec la loi de la Démocratie cubaine de 1992 (dite « loi Torricelli ») et la loi de la Liberté et de la solidarité démocratique cubaines de 1996 (dite loi « Helms-Burton »), l'embargo a été resserré de manière significative dans un effort d'approfondir la crise

Quand j'étais jeune, je vivais là-bas, près du Malecón de La Havane, le grand boulevard qui longe la mer. Je voyais les traversiers et ferries américains qui transportaient chaque jour des marchandises. À cette époque, notre commerce se faisait presque exclusivement avec les États-Unis.

Ces dernières années, nous avons eu des discussions avec des congressistes représentant des États du Sud et d'autres régions agricoles des États-Unis. Nous avons reçu à l'Assemblée nationale une délégation comprenant des membres du Congrès de la Louisiane. Avant le triomphe de la révolution, 36 pour cent du commerce portuaire de la Nouvelle-Orléans se faisait avec La Havane. Vous devez comprendre que tout le riz, tout le maïs, tout le blé, toute l'huile que nous importions de là, nous devons maintenant l'importer du Vietnam, de la Chine, de la Malaisie. Nous devons même faire venir le lait en poudre de Nouvelle-Zélande. Nous achetons du blé à la France. Pourtant, les États-Unis ne sont qu'à 140 kilomètres.

Le blocus a causé des pertes de plus de 80 milliards de dollars à notre économie, rien qu'en comptant le fret, les différences de prix et d'autres coûts du même genre [17].

« Le chef qui n'a pas de réserves n'est pas un bon chef »

KOPPEL : Depuis quand êtes-vous président de l'Institut national des réserves d'État ?

SÍO WONG : J'exerce cette responsabilité depuis 1986.

économique provoquée par l'effondrement des relations commerciales de Cuba avec l'ancienne Union soviétique et l'Europe de l'Est. En décembre 2017, aucune de ces deux lois ni aucune de leurs mesures n'avaient été abrogées.

17. En novembre 2017, le gouvernement cubain a rapporté devant les Nations Unies que les dommages causés à l'économie cubaine par plus de 50 années d'embargo s'élevaient à plus de 800 milliards de dollars.

Mais ce n'est pas la première fois que j'ai exercé ce genre de responsabilité. Pendant la guerre révolutionnaire, Fidel m'a nommé chef des réserves de l'Armée rebelle. Déjà à cette époque, il l'appelait la « réserve stratégique. »

« Mets-toi au travail, m'a-t-il dit, tu es le chef de la réserve. »

La réserve stratégique était située dans une petite grotte au poste de commandement de La Plata. C'était dix sacs de sucre brut, de grands sacs de 325 livres, cinq caisses de lait concentré et cinq caisses de saucisses.

Une fois, Fidel est parti parcourir le front et est revenu une semaine plus tard.

« Alors, Chinois, comment ça va ? Comment va la réserve ? »

« Commandant, il me reste six sacs de sucre. »

« Comment ça, il te reste six sacs ? Il y en avait dix. »

« Oui, mais, Machin est passé, il n'avait rien à manger. Puis Truc est venu. Et aussi Bidule, avec son peloton. Ils n'avaient rien à manger, alors je leur ai donné un peu de sucre. »

« Chinois, a dit Fidel, je t'ai nommé chef des réserves mais tu n'avais pas le droit de donner quoi que ce soit sans mon autorisation. Pas même une poignée de sucre. »

Il ne m'a rien dit de plus à propos du sucre. Quelques jours plus tard, Celia m'a apporté une petite note écrite de la main de Fidel. « Moisés, disait la note, remets les réserves à Otero et occupe-toi exclusivement de la distribution de la viande. Fidel. »

Il venait de me démettre et de m'attribuer une tâche qui n'existait pas, une tâche fictive. Parce qu'à cette époque, nous n'avions aucune viande à distribuer !

Je me suis souvenu de cet incident quand ils m'ont convoqué au Comité central pour me dire que le Bureau politique avait approuvé ma nomination comme président de l'Institut national des réserves d'État.

« Camarade ministre, ai-je dit à Raúl, j'ai été le premier chef de la réserve stratégique. » Et je lui ai raconté l'anecdote du

temps où j'avais été chargé des réserves dans la Sierra Maestra et pourquoi Fidel m'avait destitué. Et je lui ai dit : « Dites
au commandant en chef qu'il pourrait me destituer pour in-
compétence, pour ne pas bien faire le travail, pour toute autre
erreur, mais pas pour usage non approuvé, sans autorisation,
de la réserve. » Celui qui donne l'autorisation de s'en servir,
c'est le commandant en chef. Ça a été une leçon.

C'est quand je suis retourné à mon bureau du ministère des
Forces armées révolutionnaires que j'ai pu apprécier ce que
représentaient ces dix sacs de sucre de 325 livres. Un gramme
de sucre contient 4 calories. Un verre d'eau sucrée, ce sont
1 200 calories. Avec cela, on perd du poids mais on ne meurt
pas. Avec ces réserves, les 200 hommes de la Sierra Maestra
pouvaient tenir presque deux mois sans rien recevoir de l'extérieur. C'est là que je me suis rendu compte de l'importance
de toujours avoir des réserves.

Il y a un dicton qui exprime une vérité profonde : « Le chef
qui n'a pas de réserves n'est pas un bon chef. » Il faut toujours avoir des réserves.

WATERS : Comment la période spéciale a-t-elle affecté les
réserves ?

SÍO WONG : Au temps où nous recevions presque tout l'approvisionnement du camp socialiste, surtout de l'Union soviétique, il n'y avait pas une grande conscience de la nécessité de disposer de réserves.

Quand nous avons créé l'INRE en 1981, nous avions
fait toute une série d'études avec l'aide de l'Union soviétique. Il y avait des points de vue différents sur le rôle de
cet organisme et à qui il devait être subordonné. Au début,
l'INRE a été rattaché au Comité d'État pour l'approvisionnement technique et matériel (CEATM). À la fin de 1985,
comme nous avions très peu prêté attention au développement des réserves, il a été décidé de séparer le CEATM

de l'INRE et de le subordonner directement au président du Conseil des ministres, à Fidel.

Cette première période est celle que j'appelle la « décennie perdue. » Parce que les organismes et les fonctionnaires qui y étaient rattachés n'avaient pas conscience de l'importance d'avoir des réserves pour faire face à toute éventualité. Et malgré les instructions du commandant en chef et les appels lancés par le ministre des FAR, il a fallu livrer une dure bataille pour réaliser cette tâche. Avant la période spéciale, il y avait beaucoup de fonctionnaires qui disaient : « Si on n'arrive pas à manger, comment va-t-on accumuler des réserves ? »

La période spéciale a démontré que nous avions gaspillé des ressources et que nous aurions pu accumuler une réserve plus grande. Elle a aussi démontré l'importance stratégique des réserves.

Les réserves d'État nous ont permis d'avoir du carburant pour qu'aucune des fonctions économiques essentielles ne soient paralysées, comme la récolte sucrière, l'agriculture et l'industrie. Des aliments, de façon à garantir une ration de base. Des médicaments, pour sauver des vies et ne pas devoir fermer un seul hôpital. Et jusqu'à des cahiers et crayons, pour faire cours dans les écoles.

Pendant la période spéciale, on a réussi à aller de l'avant. Mais il reste encore beaucoup à faire.

Les dons que nous recevons de toutes les parties du monde ne sont pas utilisés pour constituer la réserve, bien que le gouvernement les utilise. L'Institut cubain d'amitié avec les peuples (ICAP) et le ministère des Investissements étrangers et de la coopération se chargent du contrôle de ce qu'on reçoit et de sa distribution.

L'ouragan Michelle, qui a frappé Cuba en novembre 2001, est un bon exemple de ce à quoi a servi la réserve. On a pu réparer tous les dégâts et on l'a fait en moins d'un an. Parce qu'on a pu compter sur une réserve de carburant, de nourriture, de matériaux de construction, de toits, de poteaux et de câbles électriques, etc. Nous avons réussi à réparer 160 000 logements endommagés dans sept provinces, dont 13 000 étaient entièrement détruits.

En juillet 2005, l'ouragan Dennis s'est abattu sur dix provinces. Il a endommagé plus de 175 000 logements, dont 28 000 ont été entièrement détruits. Les pertes se sont élevées à plus de 1,4 milliard de dollars. Cet ouragan a été le plus destructeur dans notre pays depuis 1959. Il était de catégorie 5, c'est-à-dire la plus élevée de l'échelle Saffir-Simpson. Les vents ont atteint une vitesse de plus de 300 kilomètres à l'heure. Il y a des montagnes qui ont subi des dégâts écologiques qu'elles mettront plus de cinquante ans à renverser.

Contrairement à ce qui se fait à Cuba, on a vu les conséquences des désastres naturels qui surviennent dans des pays beaucoup plus riches que nous, avec beaucoup plus de ressources. Il y a quelque temps, j'ai lu un article sur une demande d'indemnisation faite par des gens en Floride touchées par l'ouragan Andrew, je crois. Cet ouragan est passé par là en 1992 et ils l'ont appelé « la tempête du siècle.» Il y a encore des gens qui attendent que leurs demandes soient satisfaites. Ils n'ont pas reçu l'aide que le gouvernement leur avait promise il y a plus de dix ans.

Nous, au contraire, un an après l'ouragan Michelle, nous avions tout réparé. Mais en plus, comme l'agriculture avait été touchée, nous avons accordé une ration supplémentaire de riz, de blé et d'huile aux provinces affectées. C'est ainsi que nous répondons à tout désastre naturel. C'est ce que nous faisons aujourd'hui pour faire face aux dégâts causés par Dennis.

TROISIÈME PARTIE

La période spéciale et après

En réponse à la pénurie alimentaire provoquée par la crise économique des années 1990, de petites fermes maraichères — *organopónicos* — ont vu le jour dans des terrains vacants urbains à travers le pays.

En bas. Moisés Sío Wong explique le fonctionnement du jardin urbain dont il a suscité la création dans le quartier de Miramar de La Havane, le premier à réussir. À partir de la droite : Gustavo Chui, la rédactrice cubaine Iraida Aguirrechu et Mary-Alice Waters.

Les légumes produits dans ce jardin approvisionnent trois centres de la petite enfance et l'école élémentaire Cesáreo Fernández, qui sert chaque jour le repas du midi à 400 enfants. Grâce à ce genre d'initiatives, « les habitudes alimentaires commencent à changer » à mesure que la diète des enfants cubains comprend davantage de légumes frais.

En haut. À gauche, une salle de classe à l'école Cesáreo Fernández. À droite, des oeuvres originales d'artistes cubains renommés embellissent la cour de l'école.

Cette photo et celle du bas : Martín Koppel/The Militant   Luis Madrid/The Militant

Affronter la crise alimentaire

WATERS : Le développement de l'agriculture à petite échelle, en particulier dans les zones urbaines, est l'une des initiatives importantes qu'a prises Cuba pendant la période spéciale. La création dans chaque municipalité de ces jardins organoponiques, comme on les appelle, s'est faite en réaction à la sérieuse pénurie alimentaire à laquelle Cuba a dû faire face au début des années 1990. Il en est résulté une amélioration substantielle de la quantité et de la qualité des légumes frais auxquels ont accès la majorité des Cubains. Aujourd'hui, les jardins organoponiques occupent presque autant de Cubains que l'agriculture traditionnelle à grande échelle.

Général Sío Wong, vous qui avez contribué à diriger cet effort depuis le début, vous êtes bien placé pour nous en parler.

SÍO WONG : Laissez-moi revenir un peu en arrière.

Lors de la victoire révolutionnaire de 1959, plus de 80 pour cent des terres arables appartenaient aux grands propriétaires fonciers cubains et aux grandes familles dirigeantes US comme les Rockefeller, les DuPont et les Morgan, qui contrôlaient de gigantesques entreprises comme la United Fruit et la Compagnie cubaine d'électricité. Ainsi, la Compagnie sucrière atlantique du Golfe, propriété US, possédait 240 000 hectares de terres. La United Fruit Company en possédait

120 000. Dans la région de Camagüey, il y avait des fermes d'élevage de plusieurs dizaines de milliers d'hectares. Pendant les premières années de la révolution, la réforme agraire — qui s'est réalisée en deux étapes : la première en 1959 et la seconde en 1963 — a imposé une limite d'un maximum de cinq *caballerías* par propriétaire. Ici, une *caballería*, c'est 13,4 hectares, par conséquent cela représente 67 hectares ou 165 acres. On a donc nationalisé les propriétés de plus de cinq *caballerías*, aussi bien les énormes propriétés des familles capitalistes US que celles des propriétaires fonciers cubains. Presque tous ces propriétaires ont quitté le pays, malgré la compensation qu'on leur offrait [1].

En ce qui concerne le reste des terres, la réforme agraire les a transférées aux paysans qui les avaient travaillées en tant que métayers, fermiers, squatters ou petits cultivateurs de canne à sucre. Avant la révolution, ces agriculteurs cultivaient un petit lopin de terre et en échange devaient souvent payer jusqu'à l'équivalent de la moitié de leur récolte. Mais ces terres ne leur appartenaient pas. Alors, la révolution — leur révolution — a donné à ces paysans un titre de propriété jusqu'à un maximum de cinq *caballerías*, soit 67 hectares. On a ainsi distribué cent mille titres de propriété.

Grâce à la réforme agraire, 20 pour cent des terres arables sont devenues la propriété des petits agriculteurs et 80 pour cent sont devenues propriété d'État. Notre révolution s'est caractérisée par le fait qu'elle n'a pas divisé les grandes propriétés terriennes, contrairement à ce qui s'était fait dans d'autres pays où on avait réalisé une réforme agraire. Ce

1. On a proposé aux propriétaires fonciers des bons amortissables sur vingt ans, à un taux de 4,5 pour cent par an. Les propriétés ont été évaluées sur la base de la valeur déclarée aux fins d'imposition en octobre 1958 par les propriétaires fonciers eux-mêmes.

sont Fidel et d'autres dirigeants qui ont pris la décision très sage de ne pas diviser les grandes propriétés. Sur ces 80 pour cent, on a créé des entreprises de canne à sucre et de grandes fermes d'élevage appartenant à l'État.

Nous avons rapidement développé des relations commerciales favorables avec l'Union soviétique. Si le prix que nous devions payer à l'URSS pour le pétrole augmentait, le prix du sucre que nous leur vendions augmentait aussi. Dans les accords à long terme, qui est la méthode de vente de la plus grande partie du sucre sur le marché mondial, les Soviétiques nous donnaient jusqu'à 40 cents la livre même quand elle était tombée à 10 ou 15 cents sur le marché mondial. Cela nous arrangeait. Mais ça leur convenait aussi puisqu'il leur en coûtait jusqu'à 80 cents pour produire du sucre de betterave.

C'est sur la base de ces relations que nous avons développé toute la production agricole du pays. On nous a souvent critiqués pour avoir développé l'agriculture de cette manière. Mais cela nous a permis de construire des barrages, d'électrifier les campagnes et de créer toute l'infrastructure agro-industrielle dont nous disposons maintenant.

En 1989, nous avions plus de tracteurs par hectare cultivable que n'importe quel autre pays au monde. Cuba compte sept millions et demi d'hectares cultivables et en 1989 nous avions 110 000 tracteurs. Nous avions tellement de tracteurs, et le combustible était tellement bon marché, que les tracteurs servaient non seulement dans l'agriculture mais même pour la promenade ou pour aller voir son amoureuse.

De ce point de vue, les relations économiques avec l'Union soviétique étaient favorables pour un petit pays comme le nôtre. Elles étaient également favorables pour l'URSS au point de vue de la stabilité à long terme de son approvisionnement en sucre et, à moindre échelle, en d'autres produits.

WATERS : Dès les premiers jours, comme l'a affirmé Fidel en 1960, la révolution a eu comme objectifs l'autosuffisance alimentaire et la diversification de l'agriculture. Cependant, ce n'est pas ce qui est arrivé. Le ministre du sucre de Cuba, Ulises Rosales del Toro, l'a rappelé à l'Assemblée nationale il y a quelques années, en précisant que cette stratégie avait été différée en raison des « prix justes et stables des échanges avec l'URSS et d'autres pays socialistes, » auxquels vous venez de faire allusion.

Quelles ont été les conséquences pour la culture des légumes de cette concentration sur la production et le commerce du sucre ?

SÍO WONG : Cuba était un pays exportateur de légumes. Un bac allait de La Havane à Key West, en Floride. Le trajet durait sept heures. Ma famille vivait sur le Malecón et je me souviens du vapeur *Florida*. Je voyais embarquer les gros camions chargés de tomates, de haricots et de laitues.

Mais nous sommes devenus des importateurs de légumes. Ils venaient de Bulgarie, d'Albanie, d'Union soviétique. Ils arrivaient en boîtes ou en bocaux. Nous les échangions contre du sucre.

Le début de la période spéciale

Au début des années 1990, l'Union soviétique et le camp socialiste s'étaient déjà effondrés et, du jour au lendemain, la période spéciale a commencé à Cuba. Le pays était pratiquement paralysé. Nous avons dû appliquer les mesures prévues en temps de guerre, en cas de blocus militaire et d'une agression interrompant le flux des livraisons. Nous avons appelé cet ensemble de mesures « période spéciale en temps de paix, » puisque nous avons adopté des mesures semblables à celles qui étaient prévues en temps de guerre pour faire face à la nécessité de fonctionner sans combustible importé de l'étranger et sans certaines autres ressources.

Nous recevions de l'Union soviétique 13 millions de tonnes de pétrole par an à des prix préférentiels fixés à long terme. Nous payions avec notre sucre. Tout d'un coup, nous avons dû commencer à travailler avec six millions de tonnes de pétrole acheté sur le marché international, au prix du marché international. Quatre-vingt cinq pour cent de notre commerce extérieur s'était fait avec l'Union soviétique et les autres pays socialistes. Nous pouvions jusqu'alors acheter huit milliards de dollars de biens. Ce chiffre a chuté en un an à deux milliards. Ça suffisait à peine à acheter sur le marché international un peu de pétrole ainsi que de la nourriture et des médicaments essentiels. Notre pouvoir d'achat à l'extérieur avait chuté de quasiment 80 pour cent.

Tous les tracteurs et autobus qui consommaient de l'essence se sont arrêtés. Le gouvernement chinois a commencé à nous envoyer des millions de bicyclettes. Vous vous rappelez qu'au début des années 1990, La Havane ressemblait à Pékin, avec des millions de bicyclettes ? Des millions.

En 1993, face à la crise, le gouvernement a pris toute une série de mesures pour sauver la révolution. Bon nombre de ces mesures ne nous plaisaient pas car elles amplifiaient les inégalités. Nous nous étions toujours battus pour une société plus juste, une société socialiste, qui garantisse les principaux besoins de toute la population : la santé, l'éducation, l'alimentation, la construction de logements, tout.

Mais nous avons dû les prendre. L'une de ces mesures a autorisé la libre circulation du dollar. Auparavant, la loi l'interdisait[2]. On a créé le marché agricole libre où les agriculteurs

2.   Avec l'écroulement de la production au début des années 1990, la valeur du peso s'est effondrée. Alors qu'officiellement il conservait sa parité avec le dollar nord-américain, dès l'été 1993, un dollar pouvait s'échanger contre 150 pesos sur le marché noir. En juillet 1993, la circulation du dollar a été dépénalisée et des magasins

pouvaient vendre leurs produits directement à la population à des prix non réglementés. On a ouvert un secteur privé, avec la possibilité de s'établir à son compte. C'est là que sont apparus les fameux *paladares*, ces petits restaurants de douze places dont le nom venait d'un feuilleton brésilien à la mode à cette époque. Toujours dans le même esprit, on a mis l'accent sur le tourisme international. Et on a largement facilité les investissements étrangers et la création d'entreprises mixtes.

Nous avons dû cesser d'offrir gratuitement de nombreuses choses. Nous avons commencé à faire payer les événements sportifs, comme le baseball, même si ça reste bon marché. C'est combien aujourd'hui ? Un peso, deux pesos. Beaucoup moins qu'aux États-Unis par exemple, où un match de baseball peut coûter jusqu'à 50 ou 100 $[3].

Cette inégalité entre ceux qui ont des dollars et ceux qui n'en ont pas ne nous plaît pas. C'est pourquoi nous avons ouvert les magasins à dollars. C'est une formule destinée à récupérer des devises et financer les programmes sociaux qui bénéficient à tout le monde. Il y en a même qui s'appellent

sont apparus qui vendaient des marchandises importées en dollars. Pendant la période spéciale, après le pire moment du déclin économique, lorsque la production a repris, le taux de change s'est stabilisé aux alentours de 25 pesos pour un dollar.

Dans le cadre du renforcement des pressions exercées sur Cuba, Washington a de plus en plus entravé l'utilisation du dollar dans les transactions internationales. En réponse, le gouvernement cubain a annoncé en novembre 2004 que le dollar US cesserait de circuler librement à Cuba. Les Cubains pouvaient continuer à recevoir des dollars US, mais ils devaient les échanger, comme les touristes, contre ce qu'on appelle des pesos cubains convertibles (CUC).

3. En 2017, un billet pour assister à un match des Yankees de New York coûtait 106 $ US en moyenne.

TRD, Tiendas Recaudadoras de Divisas [littéralement : magasins récupérateurs de devises].

Création des jardins organoponiques

WATERS : Comment a débuté l'agriculture urbaine à petite échelle ?

SÍO WONG : Comme je le disais, une des mesures prises au début de la période spéciale a été d'élargir le secteur du tourisme afin d'attirer des devises. Mais la multiplication des hôtels pour touristes a entraîné un besoin croissant de légumes frais. Nous importions par avion des légumes du Mexique, de la Jamaïque et d'autres pays. Nos pilotes appelaient ça le « vol de la honte.» En d'autres mots, le vol coûtait 35 000 dollars au secteur touristique pour apporter des tomates et de la laitue, et il était honteux de ne pas les produire ici.

Cette photo-ci est historique [voir le cahier de photos]. Elle date du 27 décembre 1987, quelques années avant le début de la période spéciale. On peut y voir Raúl Castro et Vilma Espín pendant qu'ils visitaient une unité militaire. Pendant la visite, Raúl s'est entretenu avec une ingénieure, Ana Luisa Pérez, qui avait semé des légumes dans des germoirs à bananes avec de bons résultats. Il a par la suite donné comme directive de développer et généraliser ce mode de culture. La directive a été communiquée aux unités militaires. C'est de là que sont venus ce que nous appelons les jardins organoponiques. Cette appellation vient du fait qu'essentiellement, on n'y utilise que des matières organiques.

Le général Néstor López Cuba a été le premier à créer un potager organoponique. Ce dernier couvrait un hectare. López Cuba était alors chef de la cinquantième division de la province de l'Orient. Le potager a été créé à côté de la base où était cantonnée cette unité et ce sont les membres des familles des officiers et des soldats qui y travaillaient. López Cuba était un vieil agriculteur et il aimait ça.

Ici à La Havane, on a créé Hortifar, un centre des forces armées où on produit surtout des légumes.

Ces jardins se sont donc développés d'abord au sein des forces armées. Dans le civil, on continuait à importer des légumes.

Lors du quatrième congrès du parti en octobre 1991 à Santiago de Cuba, la période spéciale avait à peine commencé. Mais il apparaissait déjà clairement que la tâche principale était le programme alimentaire.

Ici à l'Institut national des réserves de l'État, nous avons organisé une assemblée au début du mois de décembre et nous avons décidé de créer un jardin organoponique. Nous avons récolté notre première laitue 54 jours plus tard. En fait, nous avons nettoyé un terrain vague de l'autre côté de la rue et nous l'avons ensemencé. Nous avons commencé le 5 décembre 1991 et récolté la première laitue le 28 janvier, à l'anniversaire de José Martí.

Mais tout le monde n'appréciait pas ce que nous faisions.

J'ai une anecdote à ce sujet. Le 31 décembre 1991, lors d'une réunion du Conseil militaire du ministère des Forces armées révolutionnaires, j'ai informé le ministre [Raúl Castro] que nous avions commencé à construire un jardin et que beaucoup nous critiquaient : « Comment pouvez-vous, en pleine période spéciale, gaspiller des matériaux aussi rares que des blocs et du ciment pour faire un jardin organoponique ? »

Raúl leur a répondu : « Je sais que certains chefs critiquent Sío Wong. Ils devraient plutôt suivre son exemple et produire des aliments. En plus, ce jardin organoponique, je le parraine moi-même. »

Et puis Raúl m'a demandé : « Bon, combien vas-tu produire ? »

Moi, j'avais entendu dire qu'en Chine ils produisaient 25 kg de légumes par mètre carré. Alors je lui ai dit « Je crois qu'on peut produire 25 kg par mètre carré. »

Un camarade a alors sorti sa calculette : 25 kg par mètre carré, cela représente 33 500 quintaux métriques [3,35 millions de kg] par *caballería* [13,4 hectares], puisqu'ici la mesure que nous utilisons est le quintal par *caballería*.

« Trente-trois mille cinq cents quintaux par *caballería* ! Tu es fou ! »

Si une *caballería* parvient à produire 10 000 quintaux en un an, 10 000 quintaux de quoi que ce soit, c'est beaucoup. Autrement dit, 33 500 quintaux, c'était une chose extraordinaire.

« Bon, ai-je répondu, on va faire des essais. »

Comment avons-nous commencé ? Premièrement, nous avons désigné deux camarades : un responsable et un biologiste. Ensuite, nous avons formé des brigades de travail volontaire composées de membres de l'Institut. Pendant trois ans, 1992, 1993 et 1994, nous n'avons pu faire mieux que 10 kg par mètre carré.

Au début de 1995, nous avons demandé la permission d'instaurer un nouveau système de rémunération qui violait toutes les lois en vigueur ici. Pourquoi l'avons-nous fait ? Le travail agricole est l'un des plus durs qui soient. Cela malgré le fait qu'une grande partie de notre agriculture conventionnelle est mécanisée avec tracteurs, moissonneuses, etc. Mais le salaire d'un ouvrier agricole est de 148 pesos. Le salaire moyen à Cuba est d'environ 250 pesos [4]. Nous avons donc demandé l'autorisation de donner un stimulant financier.

---

4. Ces chiffres correspondent aux salaires d'avant 2005. En avril 2005, le salaire minimum à Cuba a été augmenté de façon spectaculaire, passant de 100 à 225 pesos par mois. Plus de 1,6 millions de travailleurs, notamment la plupart des travailleurs agricoles, ont bénéficié de cette mesure qui a porté le salaire moyen à Cuba à 312 pesos

Ça ressemble à une coopérative mais où la terre appartient à l'État, comme dans les UBPC créées en 1993 à partir des fermes d'État. Je vous explique comment ça fonctionne.

Le travailleur du jardin organoponique reçoit une avance de 225 pesos par mois, comme une avance sur salaire, qui couvre les frais. Les travailleurs sont responsables de l'électricité, de l'eau, des semences, etc. La moitié du bénéfice net de l'unité est répartie entre les travailleurs. Ça, c'est le premier principe. Deuxième principe : la répartition est inégale. Le bénéfice est partagé selon la règle que plus on travaille, plus on gagne.

Selon le troisième principe, la personne responsable de l'exploitation gagne 10 pour cent de plus que le travailleur le mieux payé, comme stimulant pour assumer la responsabilité de sa charge administrative. L'un des principaux mérites du système, c'est que ceux qui travaillent la terre, l'un des plus durs travaux qui soient, doivent être payés en fonction des résultats.

Dans d'autres pays — on le voit maintenant au Venezuela — ce sont les intermédiaires qui gagnent le plus. Le producteur, le paysan producteur, est celui qui est le moins bien payé dans tous ces pays capitalistes. C'est ainsi que ça marche dans tous les pays sous-développés. Et ici on avait la même situation, même si nos entreprises de distribution et de mise en marché appartiennent à l'État.

À la fin de 1995, j'ai annoncé au Conseil militaire que nous avions atteint les 30 kg par mètre carré : 20 pour cent de plus que ce que nous avions prévu. « Suite à quel miracle ? » m'ont-ils demandé.

« Il n'y a aucun miracle, » ai-je répondu. Les résultats sont dus à un travail systématique, soutenu, intensif, pendant huit,

par mois. En 2016, le salaire minimum à Cuba était de 225 pesos et le salaire moyen de 690 pesos.

neuf ou dix heures, toujours sous le soleil. Tous les jours, il faut arroser les plantes et s'occuper d'elles : le 31 décembre, le 1ᵉʳ janvier, le jour de Noël, le premier mai. Il n'y a ni samedi, ni dimanche. On ne peut transplanter qu'après quatre heures de l'après-midi, sinon les plantes meurent à cause du soleil. Il faut désherber, il faut mettre de l'engrais, il faut sarcler. Il faut produire la matière organique, tout.

Mais le résultat, c'est que sur ce petit bout de terre que vous allez voir, on produit 60 tonnes de légumes par an, 30 kg par mètre carré de terre cultivable, soit 300 tonnes par hectare. C'est un mode de culture très intensif.

C'est ainsi qu'a démarré pratiquement ce mouvement que nous avons lancé pour profiter de tous les espaces libres dans les villes et autour.

Nous ne l'appelons pas agriculture biologique parce que l'agriculture biologique, les produits biologiques, requièrent une certification internationale. Il y a un organisme international qui certifie. Il vient et mesure les niveaux de contamination, etc. Mais nous n'employons pratiquement aucun produit chimique. Nous utilisons des matières organiques et avons recours au contrôle biologique. C'est pourquoi nous disons que nos produits sont organoponiques, agroécologiques. Nos scientifiques travaillent dur pour découvrir tous les moyens de lutte biologique pour combattre les organismes nuisibles. Parce que d'abord, les produits chimiques sont très chers. Et deuxièmement, ils peuvent contaminer l'environnement. C'est une préoccupation toute particulière ici, en ville. Par conséquent, nous utilisons des matières organiques et des agents biologiques. Ceux-ci sont produits en laboratoire.

Nous utilisons le système d'irrigation localisée, un système d'irrigation très efficace inventé par les Israéliens qui requiert peu d'eau. Ceci aussi est d'une importance stratégique :

pouvoir cultiver des aliments même quand s'interrompt l'alimentation en eau, que ce soit pour une sécheresse ou une intervention de l'ennemi. On produit également des semences dans l'ensemble du pays.

Le développement du mouvement

En 1995, il n'y avait que 257 hectares de culture organoponique dans tout le pays. Dire qu'un travailleur pouvait gagner 1 000 pesos était tabou. Quand Raúl Castro est venu ici en 1997, de retour d'un voyage en Chine, il a vu le potager depuis mon bureau, au quatrième étage. Il a convenu que ce n'est pas un délit de gagner 1 000 pesos en travaillant honorablement. Et il l'a déclaré publiquement.

Après cela, les choses ont commencé à changer.

Dès l'année 2003, nous avions 45 000 hectares de culture organoponique et d'autres types de potagers intensifs. Voyez à quel point la production a augmenté : de 4 200 tonnes par an en 1994 à quasiment quatre millions de tonnes de légumes en 2004.

Nous dépassons déjà ce que j'appelle l'agriculture conventionnelle.

Fin 2004, plus de 380 000 personnes travaillaient dans l'agriculture urbaine. Dans l'agriculture conventionnelle, environ 420 000. Environ 82 000 femmes travaillent dans l'ensemble du secteur de l'agriculture urbaine. On y retrouve également des jeunes, des techniciens intermédiaires, près de 40 000 retraités, environ 10 000 spécialistes.

Si vous faites le calcul, vous verrez que 20 personnes peuvent travailler de manière productive sur chaque hectare. En seulement deux ans, le taux de chômage dans la province de Guantánamo est tombé de 7,1 pour cent en 2001 à 5,1 pour cent. Dans celle de Santiago, il est passé de 9,1 à 2,9 pour cent et dans celle de Granma, de 10,7 à 3,4. Le nombre d'emplois créés s'élève donc à près de 80 000. Au cours de ces dernières années, l'agriculture a été la première source de création d'emplois. Fin 2003, le taux de chômage était de 2,3 pour cent. Au niveau international, un taux inférieur à trois pour cent est considéré comme optimal.

La période spéciale nous a obligés à développer cette forme d'agriculture, mais il a fallu livrer une bataille formidable. La FAO, l'Organisation des Nations Unies pour l'alimentation et l'agriculture, a reconnu que Cuba est le seul pays qui soit parvenu à développer à un niveau de masse cette agriculture de petite échelle. C'est ce dont on a besoin dans le monde entier : une agriculture agroécologique, durable, qui produise les aliments dont la population mondiale a besoin, qui protège l'environnement et réduise la pollution.

Nous sommes arrivés à développer cela à Cuba parce que les travailleurs et les agriculteurs ont fait une révolution socialiste. À Cuba, la production agricole ne sert pas les entreprises capitalistes qui tentent d'accaparer des marchés et de maximiser leurs profits. Elle répond à la nécessité de fournir des aliments en abondance pour la santé et la vie.

Les éléments du système d'agriculture urbaine

À Cuba, la production agricole s'organise de diverses manières, tout comme le sont les personnes impliquées dans l'agriculture urbaine elles-mêmes.

Il y a les entreprises d'État.

Il y a aussi les Coopératives de production agricole, les CPA : les agriculteurs sont propriétaires des terres qu'ils ont mises en commun et qu'ils travaillent conjointement.

Il y a les Coopératives de crédit et de service, les CCS : chaque agriculteur possède la terre sur laquelle il travaille, mais les agriculteurs s'entraident, partagent des services et du matériel et reçoivent des crédits du gouvernement. Ils élisent le comité directeur de la coopérative.

Il y a les UBPC, les Unités de base de production coopérative que j'ai mentionnées précédemment. Elles ont été établies en 1993. Il s'agissait de fermes d'État qui ont été réorganisées et converties en coopératives. Les terres appartiennent à l'État, mais le produit du travail de l'UBPC appartient aux membres de la coopérative.

Il y a les jardins individuels : les gens produisent aussi dans leur propre cour.

Il y a également la culture parcellaire : tous ceux qui désirent une parcelle de terre pour la cultiver la reçoivent en usufruit [5].

Tous, d'une façon ou d'une autre, participent à l'agriculture urbaine, qui n'est rien d'autre qu'une agriculture à petite échelle. C'est ainsi qu'on l'appelle dans le monde.

Ici, on ne pouvait à ce moment-là lui donner ce nom, parce que notre politique, au ministère de l'Agriculture et au sein

---

5. En 2008 le gouvernement cubain a approuvé le décret-loi 259, ultérieurement complété par le décret-loi 300. Il s'agit de mesures qui permettent à des personnes qui veulent cultiver la terre de recevoir gratuitement des terres inutilisées. Ces mesures visaient à récupérer des terres qui avaient cessé d'être cultivées pendant la période spéciale par manque de semences, de fertilisants, de pesticides ou de combustible. En 2016, on avait déjà accordé 220 000 contrats d'usufruit à des travailleurs dans les villes et les campagnes, ainsi qu'à de petits agriculteurs et à des membres de coopératives agricoles. Cela représente presque deux millions d'hectares. Cependant, ces terres n'étaient pas toutes cultivées et il y avait toujours 900 000 hectares de terres disponibles.

En 2017, plusieurs aspects du décret-loi 300 ont été modifiés. La durée du droit d'usufruit est passé de 10 à 20 ans pour les agriculteurs individuels et à une période indéfinie pour les coopératives. On a accordé le droit de construire sur ces terrains des habitations, des magasins et d'autres installations. On a aussi autorisé les usufruitiers à passer des contrats avec les coopératives agricoles ou les fermes d'État dans le but d'améliorer l'assistance technique et l'accès à de l'équipement pour nettoyer les terres.

de toute sa direction, consistait à développer l'agriculture à grande échelle, avec de grandes entreprises. L'agriculture à petite échelle était un sujet tabou. On lui a donc cherché un nom. C'est ainsi qu'on l'a appelée agriculture urbaine.

Mais en quoi consiste exactement l'agriculture urbaine ? Tout ce qui se cultive dans la ville de La Havane et autour entre dans cette catégorie. Tout ce qui se cultive dans un rayon de 10 km autour d'une capitale de province, c'est de l'agriculture urbaine. De même que tout ce qui se trouve à moins de 5 km d'une municipalité. Et à moins de 2 km d'une communauté de plus de 1 000 habitants. Tout ça, c'est de l'agriculture urbaine. Mais ce n'est rien de plus qu'une agriculture à petite échelle. Car on peut faire la même chose dans la ville et ses alentours que dans une petite communauté rurale.

C'est ainsi que s'est développée dans tout le pays cette agriculture à petite échelle. Elle est autant urbaine que rurale.

Cette agriculture a non seulement le potentiel d'augmenter la quantité, mais aussi la qualité des aliments produits pour la consommation. La FAO recommande une consommation de 300 à 400 grammes de légumes verts par jour, pas moins de 300. C'est ce qu'elle recommande pour obtenir l'apport de vitamines et de minéraux que nécessite le corps humain.

C'est important, parce que le régime alimentaire cubain traditionnel consistait en riz, haricots, tubercules et viande. Le Cubain mangeait très peu de légumes verts. On peut dire qu'à l'occasion de Noël, on consommait une tomate, de la laitue et un radis. Mais ici, manger des légumes ne fait pas partie de notre culture. Pas comme dans d'autres pays comme la Chine où cette habitude existe.

Puis en 2001, Fidel a fait savoir que, grâce à ce système d'agriculture urbaine, nous allions satisfaire les besoins en nourriture des crèches et des écoles. Cette annonce faisait partie de la bataille des idées et du perfectionnement de l'éducation. On a commencé par La Havane. Chaque potager organoponique, jardin maraîcher intensif ou coopérative est lié à certains établissements scolaires et approvisionne également les cantines de crèches, de résidences pour personnes âgées, d'hôpitaux, etc.

Dans notre potager organoponique, l'INRE 1, nous l'avons fait dès 1992 par exemple. Nous fournissions des légumes aux crèches situées à quelques coins de rues d'ici. Maintenant, l'entreprise approvisionne trois crèches, plus l'école primaire dont nous sommes les parrains. Il s'agit de l'école Cesáreo Fernández, que nous visiterons plus tard. Chaque jour, quelque 400 enfants y prennent leur repas du midi avec 125 grammes de légumes par personne.

Et nous faisons des progrès. Les habitudes alimentaires commencent à changer.

Les épinards, par exemple. Quand on a commencé à en semer, les gens n'en mangeaient pas beaucoup. On les appelait les épinards de Popeye puisqu'ils contiennent beaucoup de fer. Les médecins ont commencé à les recommander pour les enfants en dessous du poids normal. Depuis, la consommation augmente. Les gens se sont habitués à manger des épinards et maintenant ils en demandent. Pendant l'hiver, les épinards croissent un peu plus lentement, ce qui nous crée un problème.

Même chose avec les blettes. Maintenant les gens en veulent, ils en mangent.

WATERS : Comment s'organise la distribution des produits cultivés dans les jardins organoponiques ?

SÍO WONG : Ils sont vendus directement à la population. C'est le premier principe : on vend directement là où c'est produit.

WATERS : Il n'y a pas d'autres circuits de distribution ?

SÍO WONG : Si, il y en a. Par exemple, l'Entreprise horticole métropolitaine dispose d'un entrepôt. Elle achète leur production aux agriculteurs et la distribue également sur les marchés, la vend aux hôtels, au secteur touristique. C'est une grande entreprise qui a des contrats avec les cultivateurs et qui a aussi ses propres jardins organoponiques [6].

Il y a aussi ce qu'on appelle le marché agricole libre, où l'offre et la demande jouent librement.

Mais il y en a d'autres où le prix est effectivement réglementé. Dans notre potager ici, nos prix sont réglementés. On les appelle des *topados* car les prix y sont plafonnés.

WATERS : Les *topados* font-ils partie du secteur public ?

SÍO WONG : Oui. Ici, une commission municipale se réunit tous les mois et fixe les prix. En hiver par exemple, la laitue baisse car la production est abondante. Mais en été, le prix augmente. Chaque mois, on établit une liste de prix. Ici à La Havane, il y a environ 70 marchés qui vendent à des prix plafonnés. Et les produits viennent de ces mêmes jardins organoponiques urbains. Ils viennent aussi de l'Armée des jeunes du travail, qui produit également pour les *topados* bien que leurs exploitations soient situées à la campagne, pas en ville [7].

Au marché agricole libre, dont j'ai déjà parlé, les prix ne sont pas plafonnés. C'est un autre type de marché.

WATERS : Pourquoi le cultivateur vendrait-il sa production sur les marchés où les prix sont plafonnés ? Ne pourrait-il pas gagner davantage en vendant sur un marché non réglementé ? Quel est l'avantage ?

6. En 2011, un nouveau règlement a permis aux coopératives agricoles et aux fermes d'État de vendre directement aux hôtels et aux restaurants. Deux ans plus tard, cette mesure a été modifiée pour permettre aux petits agriculteurs individuels de faire de même. Le nombre de produits pouvant être vendus directement au secteur touristique a aussi été accru.

7. Voir glossaire : Armée des jeunes du travail.

SÍO WONG : Le marché réglementé convient à de nombreux producteurs parce que la majorité des paysans n'ont pas les moyens de transporter leurs produits jusqu'au marché libre. Ils doivent payer un intermédiaire. Alors, ils signent des accords pour les vendre sur les marchés réglementés. Ça convient également au consommateur puisque les prix y sont plus bas.

Capitalisme, socialisme et environnement

WATERS : Général Choy, vous êtes actuellement président du Groupe de travail de l'État pour l'assainissement de la baie de La Havane. Le gouvernement cubain a décidé de relever ce gigantesque défi environnemental pendant la période spéciale. De même que la réponse à la crise alimentaire décrite par Sio Wong, il illustre certains aspects du renforcement de la révolution cubaine. Comme l'a dit Fidel, « il faudra peut-être un jour élever un monument à la période spéciale. »

Pourquoi la baie de La Havane s'est-elle retrouvée en si mauvais état et comment est né le projet de l'assainir ?

CHOY : La baie de La Havane et son port supportent l'essentiel du poids du commerce d'import-export de Cuba. C'est vrai depuis l'étape coloniale. Près de 70 pour cent de toutes les importations entrent par le port de La Havane. Et, à part le sucre et le nickel, 90 pour cent des exportations sortent par le port de La Havane. Le ministère du Sucre dispose de ses propres ports. Le nickel sort par Moa[8].

8. En 2014, le gouvernement cubain a ouvert une zone spéciale de développement dans le port de Mariel, à 50 km à l'ouest de La Havane. Cette zone comprend un port en eaux profondes, un terminal de containers et une zone franche. Les nouvelles installations permettent d'accueillir les porte-containers plus grands qui passent

Avant la révolution, comme on peut l'imaginer, rien ne protégeait l'écosystème côtier de la baie contre les divers types de pollution. Pendant les premières années de la révolution, on a reconnu le problème, mais on n'a pas pris de mesures pour assainir la baie ni protéger son environnement. Il n'y a pas que la baie. Le problème s'étend aussi à son bassin hydrographique, c'est-à-dire à la zone alimentée par les affluents, soit environ 70 kilomètres carrés. Il y a maintenant 104 entreprises de cette zone qui polluent la baie. Sans parler du réseau d'égouts qui est insuffisant. Le réseau a été construit de 1913 à 1915. À cette époque, la ville de La Havane comptait 300 000 habitants. Le réseau avait été conçu pour le double, 600 000 personnes. Mais aujourd'hui, il doit servir à plus de 800 000 personnes. Il n'arrive pas à évacuer toutes les eaux usées. Alors il y a vraiment beaucoup de débordement dans les rues.

Après la victoire, diverses instances dirigeantes du pays ont fait des efforts et pris des mesures mais sans faire de progrès substantiels. Au niveau des provinces et municipalités, il y avait des commissions de l'environnement même avant les années 1990 et, à certains endroits, il y avait aussi des commissions de la science, de la technologie et de l'environnement, dont certaines subsistent. Mais il n'y avait pas d'organisme chargé spécialement de l'assainissement de la baie.

Pendant les années 1996 et 1997 et une partie de l'année 1998, à mesure que nous sortions des pires années de la période spéciale, des organismes scientifiques, sociaux ou de

---

par les écluses récemment élargies du canal de Panamá. Mariel pourra ainsi remplacer La Havane comme principal port du pays. Le transfert du trafic de containers vers Mariel se poursuit tandis que La Havane continue de recevoir le cargo général ainsi que les bateaux de croisière et autres bateaux de passagers.

recherche cubains, financés par les Nations Unies, ont étudié le problème de la pollution de la baie. On a déterminé quelles étaient les causes de son piètre état écologique. Le 15 juin 1998, le Comité exécutif du Conseil des ministres a approuvé la création du Groupe de travail de l'État pour l'assainissement, la conservation et le développement de la baie de La Havane et de son bassin hydrographique, connu sous l'acronyme GTE-BH.

La direction du Groupe de travail de l'État a décidé de fonder ses projets d'assainissement de la rade sur les études réalisées et leurs 21 recommandations globales.

Nous avons élaboré un premier programme d'assainissement de dix ans, divisé en deux quinquennats. La première étape s'est achevée en 2004. Les résultats sont encourageants. Les échantillons et tests de laboratoire sur la qualité de l'eau montrent qu'il y a eu à la fois une baisse des éléments polluants et une augmentation du niveau d'oxygène. Ceci a permis le retour dans la baie des poissons et, à leur suite, des pélicans et des goélands qui s'en nourrissent.

Malgré cette petite amélioration, l'état des eaux reste mauvais.

Nous avons entrepris d'intenses travaux de conservation de l'environnement et d'assainissement en coopération avec divers organismes nationaux et internationaux, ainsi qu'avec quelques gouvernements étrangers, entre autres de la Belgique, de l'Italie, de l'Allemagne et du Japon.

Avec la Délégation provinciale de l'agriculture, nous avons amorcé le reboisement du bassin. Lorsque le programme s'achèvera en 2007, nous aurons semé plus d'un million de jeunes arbres qui contribueront à purifier et améliorer la qualité de l'atmosphère de la capitale et à empêcher que les terres fertiles ne soient emportées par le ruissellement en cas de fortes pluies.

Avec la Direction provinciale des services communaux, nous mettons sur pied un système de collecte sélective des ordures, d'abord dans le cadre du port et ensuite dans tout le bassin.

Avec le ministère de la Santé publique, nous déployons dans la zone de la baie un réseau de sept stations de contrôle atmosphérique qui sera le premier en Amérique latine. Les stations détecteront automatiquement toute variation négative de la qualité de l'air et détermineront d'où elle provient. Ceci permettra aux médecins-inspecteurs de localiser la source de la pollution atmosphérique et d'exiger qu'on y mette fin.

Nous construisons actuellement une grande station d'épuration d'eau sur la rive de la rivière Luyanó, une des pires sources de pollution de la baie. Les travaux doivent se terminer au milieu de l'année 2006. Cette station pourra traiter, c'est-à-dire purifier, jusqu'à 1 000 litres par seconde. Au début de l'année 2005 a débuté la construction d'une autre station, également au bord de la Luyanó. L'eau y est très polluée parce qu'elle traverse San Miguel del Padrón, la municipalité qui compte le plus d'usines à Cuba et dont toutes les eaux usées se déversent dans la Luyanó. De plus, de nombreuses personnes vivent sur ses rives et toutes leurs eaux usées aboutissent à la rivière.

La politique du gouvernement consiste à commencer à contrôler les activités le long de la Luyanó, à changer la production ou à transférer les entreprises qui polluent la baie. Il y avait par exemple quatre abattoirs, trois de bovins et un de porcs. On les a transférés parce que toute cette pollution organique se retrouvait dans la rivière.

En ce qui concerne le problème des égouts, nous avons reçu l'aide du gouvernement japonais. Et nous avons maintenant élaboré un plan d'ensemble relatif à cette question et à celle de l'évacuation des eaux pluviales de la baie de La Havane et de son bassin hydrographique. Il faut maintenant trouver l'argent pour commencer à le mettre en pratique dès l'année 2008. Le plan est censé se réaliser d'ici 2020.

KOPPEL : Le Groupe de travail de l'État dispose-t-il de l'autorité nécessaire pour faire appliquer ses décisions ?

CHOY : Oui. Nous avons juridiction sur toutes les questions qui se posent dans la baie de La Havane et son bassin hydrographique. Et nous imposons à tous des normes strictes, y compris aux ministères du gouvernement.

La semaine passée par exemple, j'ai envoyé une lettre au ministre de l'Industrie de base. Il y avait eu un important déversement accidentel à la raffinerie de pétrole Ñico López qui avait pollué la baie et empiré l'état des eaux. Je l'ai envoyée directement au ministre, qui est membre du Bureau politique. Mais c'est le gouvernement qui nous a confié ce mandat et nous l'exécutons. Nous avons cette autorité, dont aucune commission provinciale ou municipale ne dispose.

En outre, quiconque veut apporter le moindre changement à la moindre usine située dans la baie ou son bassin hydrographique ou en installer une nouvelle doit nous envoyer les plans et obtenir notre accord. Nous les analysons et nous informons de notre décision le ministère de la Science, de la technologie et de l'environnement, le CITMA. Si nous approuvons le projet, le ministère envoie l'autorisation. Sinon, il ne l'accorde pas.

C'est un travail très complexe. Il y a ici des entreprises qui polluent la baie et qui dépendent de 11 ministères différents. Ces entreprises sont réparties dans dix des quinze municipalités qui composent la capitale. Chaque municipalité compte un vice-président qui s'occupe de l'environnement ainsi qu'une commission municipale de l'environnement. Il y a en plus une commission provinciale de l'environnement.

Dans la région qui comprend la baie et son bassin hydrographique, il y a 42 Conseils populaires, qui sont les organes de base de la direction[9].

C'est dire qu'il faut travailler et faire travailler de nombreuses personnes et de nombreux organismes. C'est un défi, mais nous y arrivons petit à petit.

Le port de La Havane

WATERS : Vous avez une autre responsabilité, étroitement liée à la précédente, qui concerne les activités du port de La Havane.

CHOY : Je suis le délégué du ministre des Transports au port de La Havane et je coordonne l'administration portuaire, ce qui est nouveau à Cuba.

Il y avait ici depuis l'époque coloniale une loi qui régissait les ports et qui avait subi plusieurs modifications. Nous avons adopté une nouvelle loi sur les ports en août 2002. Elle a institué une administration des ports, en commençant par celui-ci à La Havane. C'est alors qu'on m'a nommé président de l'administration du port de La Havane. Tout

9. Les Conseils populaires ont été constitués dans les quartiers, villages et zones rurales de Cuba en 1992. Ce sont les organes locaux du Pouvoir populaire, le nom donné au gouvernement élu de Cuba. Les Conseils populaires sont constitués en majorité de délégués élus, mais ils comprennent également des représentants désignés par les organisations de masse (syndicats, Fédération des femmes, etc.), le Parti communiste, l'Union des jeunes communistes ainsi que les principales institutions et entreprises de la localité. Les Conseils ont la responsabilité d'obtenir la plus grande efficacité possible dans la production et les services de leur zone, ainsi que de promouvoir la plus grande participation possible de la population pour résoudre les problèmes qui se présentent. Ils facilitent la collaboration entre les entreprises locales et contrôlent les programmes que celles-ci mettent en oeuvre.

Le capitalisme est responsable de la destruction de l'environnement

[Les sociétés capitalistes développées sont] les principales responsables de la destruction horrible de l'environnement.

Il n'est pas possible d'en accuser les pays du tiers monde, colonies hier, nations exploitées et pillées aujourd'hui par un ordre économique mondial injuste.

La solution ne peut pas être d'empêcher le développement de ceux qui en ont le plus besoin. [...]

Les échanges inégaux, le protectionnisme et la dette extérieure sont des agressions écologiques qui favorisent la destruction de l'environnement.

Si on veut sauver l'humanité de cette autodestruction, il faut mieux distribuer les richesses et les technologies disponibles à travers la planète.

FIDEL CASTRO
RIO DE JANEIRO
JUIN 1992

comme le Groupe de travail de l'État, c'est une innovation à Cuba. Il a fallu apprendre sur le tas.

Notre travail porte sur les opérations maritimes portuaires. Nous organisons l'arrivée des bateaux, nous décidons où ils s'amarreront et nous supervisons le déchargement de la cargaison, son dédouanement et son expédition vers les provinces.

WATERS : Historiquement, les travailleurs portuaires ont été l'un des secteurs les plus conscients et combatifs de la classe ouvrière cubaine…

CHOY : Oui, très combatifs, très révolutionnaires.

WATERS : ...et les Noirs ont toujours constitué un pourcentage élevé des travailleurs portuaires.

CHOY : Oui. C'est tellement vrai que depuis longtemps dans les ports à Cuba, quand on parlait des dockers, on parlait des « Noirs, là, en bas. »

Aujourd'hui, les dockers ont un très bon salaire, en plus d'une bonne prime de rendement en monnaie convertible. Parfois, en fonction de la quantité de navires qui arrivent, ils peuvent gagner 50 ou 60 dollars par mois et même jusqu'à 100 dollars en plus de leur salaire normal, qui va de 220 à 350 pesos. Les cadres et ceux qui travaillent dans les bureaux gagnent moins. Les dockers — ceux d'en bas, qui portent des sacs, déchargent les navires, chargent les camions — sont ceux qui gagnent le plus.

Le port fonctionne 24 heures sur 24. Les postes sont de 7 heures et 20 minutes. Dans certaines circonstances exceptionnelles, les dockers acceptent de faire des postes de douze heures, mais ces cas sont rares.

En plus, on s'assure de subvenir aux besoins des hommes sur le lieu de travail ; c'est un dur labeur, exigeant. Par exemple, dans les cales des navires où travaillent les dockers, il règne une chaleur intense. Alors, il faut constamment leur descendre de l'eau fraîche.

KOPPEL : Ce que vous décrivez reflète une réalité sociale différente de celle que les travailleurs vivent en régime capitaliste.

CHOY : C'est là où je voulais en venir.

WATERS : Revenons au fait que l'assainissement de la baie de La Havane a été considéré comme une tâche urgente précisément en pleine période spéciale. Voilà qui est impressionnant.

CHOY : Au début des années 1990, quand Fidel a expliqué publiquement les mesures que nous allions devoir adopter

« La révolution cubaine protège le bien-être des générations futures »

L'article 27 amendé de la constitution cubaine, adopté en 1992, stipule : « L'État protège l'environnement et les ressources naturelles du pays. Il reconnaît leur étroite relation avec le développement économique et social durable pour rendre plus rationnelle la vie humaine et assurer la survie, le bien-être et la sécurité des générations présentes et futures. Il incombe aux organismes compétents d'appliquer cette politique. Les citoyens doivent contribuer à la protection de l'eau et de l'air, et à la conservation du sol, de la flore, de la faune et de tout le riche potentiel de la nature. »

La version antérieure de cet article disait : « Pour assurer le bien-être des citoyens, l'État et la société protègent la nature. Il incombe aux organismes compétents ainsi qu'à chaque citoyen de veiller à maintenir propres les eaux et l'air et à protéger le sol, la flore et la faune. »

pour assurer la survie de notre révolution, il a aussi dit : « Nous allons sortir victorieux de la période spéciale et même nous développer. » La création du Groupe de travail de l'État pour l'assainissement, la conservation et le développement de la baie de La Havane reflète de manière saisissante le fait que, tout en nous battant pour notre survie, nous avons poursuivi notre développement.

WATERS : Dans tout le monde capitaliste, et particulièrement dans les pays soumis au joug impérialiste, la destruction de l'environnement s'accélère. Quand il s'agit de nettoyer ou de protéger l'environnement, les capitalistes prétendent que cela coûte trop cher. Pourquoi est-ce différent à Cuba ?

CHOY : En 1992, lors du Sommet de la terre à Rio de Janeiro, au Brésil, notre commandant en chef Fidel a souligné la nécessité pressante de prendre des mesures pour sauvegarder et préserver l'environnement et, ce faisant, sauver l'humanité.

Peu de temps après, l'Assemblée nationale de Cuba a modifié et élargi la portée de l'article 27 de notre constitution afin de mieux préciser les responsabilités de l'État et du peuple de Cuba pour tout ce qui touche la sauvegarde, la préservation et la protection de l'environnement et, avec lui, de la civilisation humaine. Nous avons été le premier pays à le faire à l'issue du sommet.

C'est possible parce que notre système est socialiste, de par sa nature et son engagement, et parce que la direction centrale de la révolution agit en fonction des intérêts de la majorité de l'humanité qui habite la planète terre et non d'intérêts individuels mesquins ni même simplement des intérêts nationaux de Cuba.

Cuba, Venezuela et Amérique latine

WATERS : Sío Wong, vous avez récemment passé beaucoup de temps au Venezuela en réponse à une demande d'aide pour y mettre sur pied un projet d'agriculture urbaine. Des dizaines de milliers d'autres Cubains sont actuellement au Venezuela où ils servent comme médecins, infirmiers, techniciens, maîtres d'école, entraîneurs sportifs et dans d'autres domaines encore. Comment en est-on arrivé là ?

SÍO WONG : Je crois qu'il y a actuellement une révolution au Venezuela, une révolution bolivarienne. Les étendards de la liberté et de l'intégration latino-américaine arborés par Simon Bolivar sont aujourd'hui brandis par un peuple qui démontre sa capacité d'affronter l'impérialisme, le néo-libéralisme et l'oligarchie nationale. Hugo Chávez Frías est un leader charismatique, honnête, patriotique et bolivarien.

Le Venezuela est un pays immensément riche et on y trouve des richesses inexploitées. Pas seulement du pétrole. C'est un pays d'un million de kilomètres carrés qui a de la terre, de l'eau et d'immenses ressources naturelles. Des ressources de pêches, hydrauliques, forestières et minérales : fer, bauxite, or, diamants.

Cependant, le Venezuela est un pays dont 80 pour cent de la population vit dans la pauvreté, souvent dans la plus extrême pauvreté. Il faut aller dans les *cerros*, les quartiers pauvres de Caracas, pour voir comment vivent ces 80 pour cent de la population. Et cela dans un pays qui figure parmi les cinq premiers exportateurs de pétrole au monde. C'est le troisième fournisseur de pétrole des États-Unis. Un pays qui a la capacité de produire plus de trois millions de barils par jour.

On a calculé que les travailleurs de l'industrie pétrolière ont produit plus de 700 milliards de dollars de profits de 1958 à 1998. Pourtant, le pays comptait plus de deux millions d'analphabètes. De nombreuses personnes n'avaient pas accès aux soins de santé ni à l'éducation. Qu'ont fait pendant 40 ans les gouvernements soi-disant démocratiques après le renversement de la dictature de Pérez Jiménez en 1958 ? Ces 700 milliards de dollars ont été volés au peuple vénézuélien. Voilà ce que ces gouvernements ont cautionné.

Alors, le gouvernement actuel propose ce que Chávez a appelé une révolution sociale. On met l'accent sur les projets sociaux[10]. Pendant près de trois ans, le gouvernement de Chávez n'a pas pu vraiment développer cette perspective précisément parce que le coeur de l'économie du Venezuela est aux mains de la compagnie pétrolière PDVSA (Petróleos de Venezuela, SA). Elle est censée être une entreprise d'État. Mais le gouvernement ne disposait pas des ressources nécessaires pour lancer ces programmes sociaux[11].

10. Selon la Commission économique pour l'Amérique latine et les Caraïbes, une agence de l'ONU, les programmes sociaux réalisés par le gouvernement de Chávez ont contribué à réduire le taux de pauvreté au Venezuela, telle que définie par la CEPAL, de 49 à 28 pour cent de la population de 1999 à 2010.

11. Le gouvernement du Venezuela a nationalisé le pétrole en 1975. Quand l'État a pris possession des entreprises qui appartenaient à des sociétés étrangères et à des capitalistes

C'est différent de la révolution cubaine. Les oligarques et les riches n'ont pas quitté le Venezuela lorsque Chávez a gagné les élections. Au cours des premières années qui ont suivi la victoire de la révolution cubaine, les travailleurs et les paysans ont mené à bien la réforme agraire, nationalisé l'industrie et pris d'autres mesures sociales. Pendant ce temps, tous les riches, tous les propriétaires terriens et les chefs d'entreprise, les propriétaires des belles résidences ont quitté le pays et sont partis à Miami. Au Venezuela, ça n'est pas arrivé. Ils sont toujours en place. Une grande partie du pouvoir économique, les entreprises, les usines, les marchés, les magasins, le transport, tout cela reste aux mains du secteur privé. Les riches détiennent tout le pouvoir des médias. Par conséquent, c'est une situation très différente.

Les forces soutenues par les impérialistes ont d'abord effectué un coup d'État qui a échoué. Ensuite il y a eu le coup du pétrole et, plus récemment, le référendum révocatoire [12]. Après la déroute des tentatives de coup d'État et

vénézuéliens, le gouvernement a cependant laissé les opérations de la nouvelle société, PVDSA, entre les mains des anciens gestionnaires.

12. Lors d'une tentative de coup d'État en avril 2002, Chávez et plusieurs de ses ministres et hauts fonctionnaires ont été arrêtés. Des centaines de milliers de travailleurs des quartiers pauvres de Caracas ont répondu en descendant dans la rue. Face à cet appui massif en faveur du gouvernement de Chávez, l'armée s'est divisée et les putschistes ont été défaits en deux jours.

En décembre 2002, des secteurs capitalistes épaulés par Washington ont lancé une « grève générale » dans l'intention de faire tomber le gouvernement. Il s'agissait en réalité d'un lockout fomenté par la direction de la société pétrolière publique et qui dans un premier temps a paralysé une grande partie de l'économie vénézuélienne. Les travailleurs se sont mobilisés pour restaurer la production. Le lockout, dont les appuis populaires ne cessaient de s'effriter, a été brisé en l'espace de deux mois. La majorité des la victoire écrasante au référendum, la révolution bolivarienne, les forces populaires, sont plus fortes politiquement et économiquement.

PDVSA est maintenant la source des moyens financiers et de l'infrastructure qui servent à impulser les programmes sociaux et économiques. Les relations économiques et politiques avec les pays de l'Amérique et du reste du monde se sont également élargies et consolidées. Ceci a fait du Venezuela un acteur important sur la scène mondiale, pas seulement comme simple exportateur de pétrole. L'essentiel est le rôle de leadership qu'il joue sur le difficile chemin de l'intégration latino-américaine et antillaise, afin de réaliser le rêve de Bolivar et de Martí.

Lancée par Chávez et Fidel en décembre 2004 à La Havane, l'Alternative bolivarienne pour les peuples de notre Amérique (ALBA) constitue un pas important pour faire face aux manoeuvres des États-Unis, qui cherchent à renforcer leur hégémonie en créant la Zone de libre-échange des Amériques (ZLÉA).

La collaboration cubaine

KOPPEL : Quand l'aide internationaliste cubaine a-t-elle débuté ?

SÍO WONG : Nous appuyons et collaborons avec Chávez depuis sa victoire aux élections de 1998. Mais je crois que ce n'est qu'après le désastre de Vargas en décembre 1999 que Cuba a envoyé une brigade de plusieurs centaines de

---

anciens dirigeants de la PDVSA ont été licenciés pour le rôle qu'ils ont joué dans cette action patronale.

Toujours épaulée par l'impérialisme, l'opposition a une nouvelle fois tenté de renverser le gouvernement de Chávez, cette fois au moyen d'un référendum révocatoire organisé le 15 août 2004. Grâce à l'effort de mobilisation massif des travailleurs et des paysans de tout le pays, plus de 59 pour cent des votants ont dit « non ».

médecins [13]. La brigade, qui devait travailler dans des conditions très difficiles, a apporté sa solidarité et son aide aux personnes sinistrées et à la population en général. Les brigades médicales ont réalisé un travail magnifique. Par la suite, la collaboration s'est maintenue dans ce domaine et dans d'autres sur la base d'accords officiels entre les deux pays.

Barrio Adentro [Dans le quartier] a constitué l'un des premiers programmes de cette collaboration. Il a débuté en 2003 dans les collines qui entourent Caracas. Et plus tard il s'est étendu à tout le pays. Dans ce projet de collaboration médicale, les médecins travaillent dans les zones les plus pauvres.

Le président Chávez nous a également demandé de collaborer dans le domaine de l'enseignement en vue de mettre sur pied un programme d'alphabétisation. Nous avons de l'expérience dans ce secteur à Cuba. En 1961, nous avons mobilisé 100 000 jeunes et nous avons réussi à alphabétiser plus d'un million de personnes. Nous avons ainsi mis fin à l'analphabétisme en un an seulement. Nous avons ensuite mis au point du matériel pédagogique d'alphabétisation en portugais, en anglais, en français et en créole. Nous avions déjà de l'expérience avec des programmes d'alphabétisation en Haïti, en Afrique et dans de nombreux autres pays. C'est pourquoi les Vénézuéliens nous ont demandé notre aide.

Nos éducateurs ont créé un programme utilisant des vidéos, qui a révolutionné le rythme auquel les étudiants de tous âges peuvent apprendre. À Cuba, les étudiants-enseignants ont vécu pendant un an avec les familles, y compris dans les zones rurales les plus isolées, et les ont alphabétisées en utilisant un crayon, un cahier et un

13. En décembre 1999, des glissements de terrain et des pluies torrentielles ont frappé la côte antillaise du Venezuela, faisant quelque 50 000 morts. L'État de Vargas a été le plus touché.

manuel : la manière classique d'apprendre. Au Venezuela, on est parvenu à alphabétiser des adultes en sept semaines, avec 64 leçons vidéo d'une demi-heure. On a d'abord fait une expérience avec près de 400 personnes pour voir quels étaient les problèmes. On a ainsi constaté que 87 pour cent des étudiants ont appris à lire et écrire en sept semaines.

Ce programme a été adapté à une échelle de masse et baptisé mission Robinson[14]. Des milliers de jeunes Vénézuéliens y ont pris part. Les forces armées ont elles aussi participé, avec toute la logistique nécessaire pour créer 50000 salles de classe dans tout le pays, chacune avec son lecteur de cassettes vidéo, son écran, le programme et les formateurs.

Ce sont les Vénézuéliens eux-mêmes qui l'ont fait. On dit que nous avons envoyé des milliers de formateurs. Ce n'est pas le cas. Ce que nous avons apporté, c'est notre expérience et le programme. Mais ce sont des enseignants bénévoles vénézuéliens qui ont travaillé en classe. Plus d'un million et demi de Vénézuéliens ont appris à lire et à écrire. Il s'en faut de peu que le pays puisse se déclarer territoire libéré de l'analphabétisme.

Mais le programme pédagogique ne s'est pas arrêté en si bon chemin. Ce programme s'est poursuivi sous le nom de mission Robinson II. Il correspond à ce que nous avons appelé à Cuba la bataille pour le sixième degré. À Cuba, ça a duré près de dix ans. Dix ans pour faire en sorte que tout le monde dans le pays atteigne la sixième année d'enseignement primaire. Au Venezuela, ils comptent bien y arriver en beaucoup moins de temps en utilisant la méthode audio-visuelle. Les salles de classe pour la mission Robinson II sont déjà construites.

---

14. La mission Robinson tient son nom de Simón Rodríguez, l'instituteur de Simón Bolívar, qui avait adopté le pseudonyme de Robinson après avoir lu le roman *Robinson Crusoé* de Daniel Defoe.

Ensuite, il y a la mission Ribas, qui consiste à suivre et terminer le niveau secondaire. Et la mission Sucre, un groupe de près de 400 000 bacheliers qui n'avaient pas pu entrer à l'université [15]. On leur a accordé une bourse d'études et de travail et une allocation de 100 $ par mois. Et ils peuvent déjà s'inscrire à l'université. Le gouvernement a réquisitionné toute une série de bâtiments administratifs de la PVDSA et y a ouvert l'Université bolivarienne de Caracas.

Ça, c'est le programme pédagogique.

En ce qui concerne l'aide médicale, après avoir lancé Barrio Adentro, Chávez a dit que ceux qui voulaient des médecins cubains dans leur quartier n'avaient qu'à en faire la demande. Parce que l'opposition tentait de bloquer le programme Barrio Adentro dans les États et les municipalités qu'elle contrôlait.

En l'espace de quatre ou cinq mois, Cuba a envoyé 10 000 médecins au Venezuela. Ces médecins se sont installés dans les quartiers les plus pauvres. Grâce au réseau de médecins de famille, il y a maintenant plus de 17 millions de Vénézuéliens qui ont accès aux soins de santé [16].

Le Venezuela revoit maintenant son système de soins médicaux, en commençant par les soins de base puis les polycliniques et plus tard les hôpitaux. Bien entendu, il y a aussi des cliniques et des hôpitaux privés. On a reconstruit le système de santé public en fonction de la médecine préventive, avec une attention particulière au médecin qui

15. Ces programmes portent les noms de José Félix Ribas (1775-1815) et d'Antonio José de Sucre (1795-1830), deux dirigeants de la lutte pour l'indépendance du Venezuela et de l'ensemble de l'Amérique du Sud.

16. En 2016, il y avait près de 29 000 médecins, infirmiers et autres volontaires médicaux cubains au Venezuela.

prodigue des soins directement dans les quartiers. Chacun d'entre eux s'occupe de 120 familles.

On a construit 600 centres de diagnostic, dont 35 de haute technologie, avec des salles de thérapie intensive, de stomatologie, d'ophtalmologie, de réhabilitation et des laboratoires cliniques dotés de matériel ultramoderne.

En plus des médecins généralistes, il y a plusieurs milliers de dentistes. Et on installe d'autres services comme l'ophtalmologie. L'une des difficultés rencontrées dans le cadre de la mission Robinson a été que beaucoup de personnes avaient de la difficulté à apprendre à lire et à écrire parce qu'elles ne voyaient pas bien. On a alors envoyé 300 000 paires de lunettes, y compris des verres progressifs et du matériel pour mesurer la vue. Des milliers de patients atteints de diverses maladies sont venus se faire soigner à Cuba. Et il y a un programme spécial, appelé Opération miracle, pour les cataractes et les autres maladies ophtalmologiques.

Des milliers d'entraîneurs sportifs se sont également intégrés au programme Barrio Adentro. Ils organisent des programmes d'éducation physique et de sport, et des programmes récréatifs dans les quartiers. Ils ont mis sur pied le sport populaire, le sport des enfants et la gymnastique des aînés.

Dans le cadre de la collaboration cubaine, il y a aussi un programme dont je m'occupe, celui des potagers intensifs, c'est-à-dire de l'agriculture urbaine à petite échelle. Non seulement à Caracas, mais dans tout le pays.

Le programme d'agriculture urbaine

KOPPEL : Comment est-ce que ça a commencé ?

SÍO WONG : En l'an 2000, le directeur général de la FAO, l'Organisation des Nations Unies pour l'agriculture et l'alimentation qui a son siège à Rome, monsieur Jacques Diouf du Sénégal, est venu ici à La Havane. Il a visité notre nouveau centre et je lui ai expliqué notre programme de développement de l'agriculture organoponique.

En février 2003, Jacques Diouf s'est retrouvé au Venezuela, qui a signé avec la FAO un Programme de sécurité alimentaire [17]. La tentative de coup pétrolier contre Chávez venait juste d'échouer et il y avait une crise alimentaire parce que les propriétaires des grands entrepôts de nourriture avaient participé au sabotage économique.

Jacques Diouf a dit au gouvernement vénézuélien que l'agriculture urbaine était la manière la plus rapide de produire des aliments. Cuba était le pays qui avait le plus d'expérience en la matière, a-t-il ajouté. Il a suggéré que Chávez appelle Fidel Castro, puisque c'est son ami, et lui demande d'envoyer le général Sío Wong pour les aider.

Quarante-huit heures plus tard, j'étais dans un avion en direction du Venezuela, accompagné d'Adolfo Rodríguez Nodals, directeur de l'INIFAT [Institut national de recherche fondamentale en agriculture tropicale] et du Groupe national d'agriculture urbaine. La docteure Miriam Carrión Ramírez et l'ingénieur Miguel Salcines ont également participé à cette mission.

Dans le cadre d'un projet de la FAO, ils ont commencé à développer l'agriculture urbaine au Venezuela. Nous avions prévu au départ passer dix ou douze jours au Venezuela pour orienter les spécialistes, puis y retourner tous les deux ou trois mois pour voir comment progressait le projet. Mais

17. L'Organisation des Nations Unies pour l'agriculture et l'alimentation dispose d'un Programme spécial pour la sécurité alimentaire qui vise à « aider les personnes vivant dans les pays en voie de développement [...] à améliorer leur sécurité alimentaire par l'augmentation rapide de la productivité agricole et de la production d'aliments. »

c'est l'inverse qui s'est produit : nous passions deux ou trois mois là-bas et ensuite je revenais travailler ici pendant quinze ou vingt jours.

Nous sommes arrivés le 20 février 2003. Le 25, nous avons rencontré le président Chávez pour lui exposer nos idées. Le 15 mars, le président a inauguré la parcelle de culture organoponique de Fuerte Tiuna et le 28 mars, le jardin organoponique Bolívar 1 dans le centre de Caracas.

Le Bolívar 1 est juste au centre de la ville, près des deux tours et du Hilton de Caracas. Les Vénézuéliens ont donné un terrain, une espèce de parc qui auparavant était plein d'ordures. Nous avons élaboré ce projet avec l'idée de l'harmoniser avec son environnement immédiat. J'ai dit : « Nous ne pouvons pas abattre ces palmiers. » C'est ainsi que nous avons pensé à imiter la Plaza Venezuela qui est toute proche et dont le centre est constitué de motifs circulaires. Nous avons donc construit un réservoir d'eau au milieu, avec une fontaine au-dessus et des plates-bandes arrondies. C'est très artistique.

C'est une tâche très difficile parce que nous retrouvons làbas les mêmes difficultés et les mêmes incompréhensions qu'ici à Cuba.

Mais l'agriculture urbaine peut de plus en plus servir de source d'emplois, tout en constituant une source d'aliments pour le Venezuela.

Défendre le Venezuela, défendre Cuba

WATERS : L'opposition soutenue par Washington mène une vaste campagne contre l'aide accordée par Cuba.

SÍO WONG : L'opposition au gouvernement de Chávez a mené une vaste campagne diffamatoire, surtout contre les médecins cubains. Elle prétend que les médecins cubains ne sont pas qualifiés et qu'ils sont venus pour prendre la place des médecins vénézuéliens. L'opposition a tenté en vain d'accuser le gouvernement Chávez d'utiliser les médecins pour « cubaniser » la société vénézuélienne[18]. Toute une campagne du même style se poursuit évidemment aux États-Unis.

À Caracas, l'opposition possède les quatre chaînes de télévision commerciales. Le gouvernement en a une, qui dispose d'un matériel vieux et obsolète. De plus, l'opposition contrôle pratiquement tous les journaux et stations de radio. Mais sa campagne de propagande a échoué.

L'opposition a tenté d'attaquer la qualité du service offert par les médecins cubains. Ils les ont même accusés d'avoir causé la mort d'un enfant en raison de soins mal prodigués. Mais une partie importante de la population même se charge de faire totalement accepter ce programme. Parce que Barrio Adentro ne se contente pas de dispenser des soins de santé 24 heures sur 24. Il offre aussi gratuitement 105 médicaments différents, comme par exemple l'insuline pour les diabétiques.

Selon une étude récente, ces médecins volontaires réalisent un million et demi de consultations par mois et ont sauvé la vie à près de 7 000 personnes. Que signifie sauver la vie de quelqu'un ? Que si le traitement n'avait pas été prodigué à temps, cette personne serait morte, soit parce qu'elle n'aurait pas pu voir un médecin à temps, soit par manque de ressources financières.

18. En juin 2003, la Fédération médicale du Venezuela a intenté une action en justice pour empêcher les médecins cubains d'exercer au Venezuela. Un tribunal de première instance a donné raison aux plaignants mais cette décision a été renversée en appel. En juillet 2005, plusieurs centaines de membres de la FMV ont manifesté dans le centre de Caracas en prétendant que les volontaires cubains prenaient le travail des médecins vénézuéliens.

En 2003, CNN a fait beaucoup de bruit autour de quelques médecins cubains qui ont déserté. Il y avait alors au Venezuela 10 000 médecins cubains. Trois ou quatre sont partis. Quel pourcentage est-ce que ça représente ? Si tout d'un coup les États-Unis ouvraient grand leurs portes et commençaient à accorder tous les visas sollicités par les Vénézuéliens, les Colombiens, les Mexicains, combien croyez-vous qu'il y aurait de partants ? Parce qu'en Amérique latine, beaucoup souhaitent aller aux États-Unis dans l'espoir d'une vie meilleure du point de vue économique[19].

Les programmes médicaux et d'alphabétisation Barrio Adentro et mission Robinson ont eu un impact social considérable.

J'ai vécu au Venezuela pendant près d'un an et j'ai pu observer cette transformation. Quand nous concevions le premier potager organoponique dans le parc central de Caracas, je demandais aux travailleurs : « Pourquoi ne soutiens-tu pas Chávez ? Si pendant 40 ans les gouvernements antérieurs n'ont rien fait, comment peux-tu ne pas soutenir Chávez ? »

19. En 2006, le gouvernement US a lancé un « Programme de permis de séjour pour les professionnels cubains de la santé » dans le but de saper les programmes d'aide médicale offerts par Cuba dans des dizaines de pays. Le programme offre le statut de réfugié et la résidence permanente aux États-Unis à n'importe quel professionnel médical cubain qui travaille à l'étranger et en fait la demande dans un consulat US n'importe où dans le monde. Le gouvernement US a affirmé avoir validé plus de 7 000 demandes au cours des 10 années qui ont suivi. En janvier 2017, Washington a mis un terme à ce programme, de même qu'à la politique de « pieds secs, pieds mouillés » qui garantissait la résidence permanente à tout Cubain foulant le sol des États-Unis.

Depuis le début de la révolution, plus de 135 000 volontaires cubains de la santé ont offert leurs services dans 158 pays.

On me répondait : « Je ne le soutiens pas parce que pendant trois ans Chávez ne m'a rien donné. Je suis toujours pauvre. » Mais on assiste à une transformation de l'état d'esprit de la population. Tous ces programmes sociaux et économiques ont produit une transformation. C'est la réalité.

Quand je suis arrivé au Venezuela, je crois que j'ai été l'un des premiers Cubains à monter dans les collines de Caracas. C'est-à-dire un des premiers Cubains *de Fidel Castro*, parce qu'il y a d'autres Cubains là-bas. J'ai dû parcourir ces bidonvilles pour savoir où j'allais installer un jardin organoponique. Et les collines, ce sont les quartiers populaires où personne n'entre, comme c'est le cas dans de nombreuses villes d'Amérique latine. Dans les *favelas* de Río de Janeiro par exemple, personne n'entre à part les personnes qui y vivent. Pas même la police, ou bien quand elle y entre, c'est en faisant usage de ses armes.

Mais au Venezuela, nous avons coordonné les plans avec la population du quartier et c'est elle qui a assuré notre sécurité. Les médecins sont les mieux protégés parce que ce sont les habitants eux-mêmes qui les défendent.

Je me souviens d'une récente émission sur la chaîne *Venezolana de Televisión*, qui appartient à l'État, où l'on interviewait l'un des habitants de ces quartiers. « Écoute, je ne suis pas chaviste, » a affirmé cet homme en voyant que les journalistes travaillaient pour *Venezolana de Televisión*, « mais celui qui ose toucher à la docteure cubaine ici, il aura affaire à moi. Parce qu'elle a sauvé mon fils. » Ça, c'est un exemple typique de réaction populaire [20].

---

20. Il y a eu quelques rares cas d'attaques physiques contre des médecins internationalistes cubains. Un médecin a été assassiné dans l'État d'Araguá en 2003 et l'adjoint vénézuélien d'un médecin volontaire cubain a été assassiné à Caracas en 2004.

C'est en cela que consiste notre modeste appui à la révolution bolivarienne. Il démontre l'état d'esprit internationaliste qu'on nous a inculqué. Ailleurs dans cet entretien, nous disions que nous avons été élevés dans cet esprit internationaliste parce que nous payons une dette à l'histoire. Une dette à ces Africains, ces Chinois, ces Dominicains, ces Vénézuéliens, ces Américains, à tous ceux qui se sont battus pendant les guerres d'indépendance de Cuba. Nous avons donc ce devoir. Nos médecins et nos autres volontaires vont au Venezuela dans le même état d'esprit que nos internationalistes qui ont servi en Angola, en Éthiopie et au Nicaragua.

L'autre jour, Chávez a dit qu'il avait rencontré des médecins cubains et qu'il avait décidé de leur envoyer des matelas et des lits. Il avait appris que certains d'entre eux dormaient par terre.

L'un des Cubains se lève alors pour lui dire : « Monsieur le président, nous voulons vivre comme ils le font. » Et il n'accepte pas le matelas.

Chávez a alors dit : « Ce médecin m'a donné une leçon. »

WATERS : Les médecins et les autres volontaires cubains tirent eux aussi beaucoup de leçons de la réalité dans la société capitaliste.

SÍO WONG : C'est exact. Nous trois, Chui, Choy et moi, avons connu le capitalisme et nous savons ce que c'est. Mais les jeunes nés ici après 1959 ne le connaissent pas. Maintenant ils le vivent. Maintenant ils voient des gens qui n'ont pas d'argent pour les médicaments, pas d'argent pour payer l'école, pas d'argent pour manger. Ils voient des gens qui n'ont pas d'emploi. C'est la réalité qu'ils voient. Et alors, ils doivent se demander : comment est-ce possible dans un pays qui produit trois millions de barils de pétrole par jour ?

Les impérialistes disent que nous menons une campagne de subversion en Amérique latine. Mais les conditions objectives de l'Amérique latine n'offrent aucune solution. L'Argentine en est un exemple. La Bolivie en est un autre. Le Pérou, encore un autre. L'Équateur, un autre. Le Brésil. Qu'a à offrir l'impérialisme ? Que peut leur apporter le capitalisme, le modèle néolibéral ou toute autre variante ? Il a échoué de manière retentissante dans toute l'Amérique latine.

Des millions de gens vivent dans les hauteurs de Caracas et c'est de ces collines que le peuple est descendu pour défendre Chávez contre le coup d'État. Les impérialistes ont peur de ces collines.

Quand j'y montais, des gens du peuple s'approchaient de moi et disaient : « Ici, nous sommes chavistes. »

Je leur répondais : « Moi aussi, je suis chaviste. Fidel, Raúl et le Che m'ont fait gravir beaucoup de collines. Et aujourd'hui, à plus de 65 ans, je continue à gravir des collines. Pour le Venezuela. »

Peut-être pensaient-ils, en me voyant avec l'appareil photo, que j'étais un journaliste japonais.

Mais je leur disais : « Je suis cubain, un Cubain de Fidel. »

La bataille des idées

KOPPEL : Vous avez fait allusion à ce qu'on appelle à Cuba la bataille des idées. Pouvez-vous nous expliquer de quoi il s'agit ?

SÍO WONG : Les défenseurs du capitalisme tentent d'imposer leur culture et leurs idées à tout le monde. Ils privent les peuples du monde entier de nos propres cultures. Les impérialistes jouissent de la suprématie technologique et scientifique. Ils en ont développé une partie et dérobé l'autre. Ils exercent leur domination sur les moyens de communication et d'information au niveau mondial et essaient à travers eux d'imposer leurs valeurs et de justifier leurs relations sociales.

C'est pour cela que cette bataille des idées est si importante et si complexe. Notre capacité de livrer cette bataille dépend beaucoup de l'éducation, de l'enseignement, de la culture. De l'exemple que nous donnons aux enfants et aux jeunes.

Actuellement, nous sommes en train de lancer une autre révolution. Cette fois, c'est dans le domaine de l'éducation de nos enfants. « Être cultivé pour être libre, » a dit Martí. Comment faire pour que nos enfants, nos jeunes et par conséquent nos hommes et nos femmes soient vraiment libres s'ils n'apprennent pas à réfléchir par eux-mêmes ? Comment peuvent-ils contribuer au développement du pays ? L'époque est révolue où beaucoup pensaient qu'un manuel ou un plan existaient qui pourraient nous guider pour construire le socialisme. Nous devons ajuster notre propre voie à nos réalités et à la réalité que vit le monde d'aujourd'hui.

Avant la révolution ici à Cuba, 95 pour cent d'entre nous, peut-être plus, nous nous considérions comme anticommunistes même si nous ne savions pas ce qu'est le socialisme. On nous enseignait avec des bandes dessinées de Superman, de Tarzan et de Blackhawk. L'une de nos préférées était précisément Blackhawk. Je me souviens qu'il s'agissait d'une escadrille de pilotes de chasse et que parmi les personnages, il y avait un Suédois, un Français, un Chinois et un Polonais. On y décrivait les communistes comme des êtres sanguinaires. Le personnage chinois, un cuisinier qui s'appelait Chop-Chop, était une caricature raciste. Cela, ils nous l'enseignaient même à l'école. Nous le vivions au quotidien.

Il y a une anecdote célèbre des premières années de la révolution, quand Fidel a rencontré quelques paysans et ouvriers.

« Êtes-vous d'accord avec la réforme agraire ? » leur a demandé Fidel.

« Oui. »

« Êtes-vous d'accord avec la réforme urbaine ? »

« Oui. »

« Êtes-vous d'accord avec la nationalisation des entreprises ? »

« Oui. »

« Êtes-vous d'accord avec le socialisme ? »

« Non, nous ne sommes pas d'accord avec le socialisme ! » C'était comme ça.

Quel moment a choisi Fidel pour proclamer le caractère socialiste de la révolution ? Il a choisi le début de l'agression impérialiste à la baie des Cochons, en avril 1961. C'est à ce moment-là, à l'enterrement des victimes du bombardement de nos aéroports le 15 avril 1961, que Fidel a expliqué pour la première fois que notre révolution était une révolution socialiste. Cette attaque aérienne a été le prélude à l'invasion des mercenaires deux jours plus tard.

Vous savez que la majorité des films qu'on montre ici à Cuba viennent des États-Unis. Nous ne vivons pas enfermés. Nous ne vivons pas en vase clos. Les gens ont accès à l'internet et ils ont des membres de leur famille aux États-Unis. Nous avons beaucoup développé le tourisme. L'essentiel est que nous nous enseignions à nous-mêmes à penser.

Depuis la victoire de la révolution, on nous a enseigné le socialisme. On nous a enseigné le principe de l'altruisme, d'être capables de donner notre propre vie pour un autre peuple. C'est l'expression suprême de la générosité humaine.

J'ai risqué ma vie en Angola pour soutenir la lutte du peuple angolais. Quel avantage matériel pouvais-je en tirer ? Aucun. C'est ainsi qu'y sont allés des dizaines et des dizaines de milliers d'autres : enseignants, médecins, spécialistes. Ils ont travaillé dans les coins les plus reculés. Comment serait-ce possible sans une conscience ?

Mais dès la fin des années 1990, il y avait à Cuba 76 000 jeunes qui n'étudiaient pas et ne travaillaient pas non plus. Comme l'a dit Fidel, nous nous sommes relâchés. La plupart de ces jeunes avaient des problèmes familiaux, des parents divorcés, etc. Nous avions commencé à les cataloguer comme « prédélinquants ». Quelle horrible terminologie ! Comment était-ce possible ? Ils étaient nés après la révolution. Ils sont des produits de la révolution. Ce sont nos enfants. Leurs parents sont de la génération qui est allée en Angola, au Nicaragua et qui a donné sa vie pour la révolution.

En vérité, nous avions des lacunes en matière d'éducation. Nous avions connu des déficiences au niveau de notre travail politique. De notre travail social. Nous le reconnaissons. C'est là, je crois, que se situe le génie de Fidel : reconnaître les erreurs et prendre des mesures pour y remédier. Et ne pas perdre une seule minute en le faisant.

Avec le début de la bataille des idées, tous ces jeunes se sont mis à étudier. On les a rémunérés pendant qu'ils étudiaient. L'immense majorité d'entre eux croient maintenant qu'ils ont un avenir socialement utile.

Je crois qu'il s'agit d'une révolution culturelle. Je n'aime pas l'appeler ainsi parce que ça rappelle la révolution culturelle chinoise. Alors appelons-la une révolution de l'éducation. Mais cette grande bataille des idées n'est rien d'autre qu'une révolution dans la révolution : faire en sorte que notre peuple possède une éducation et une culture générale complète.

Comme je le disais plus tôt, nous avons des inégalités qui ne nous plaisent pas. Plus de 60 pour cent de la population par exemple a accès à des devises. Ce qui signifie que 40 pour cent n'y a pas accès. C'est mon cas. Mais il y beaucoup de gens qui y ont accès. Leur famille leur envoie des dollars ou d'autres devises. Ou bien ils travaillent dans un secteur comme le tourisme, le tabac, le nickel, l'électricité où ils reçoivent une partie de leur salaire en devises.

Il y a souvent des gens qui ne comprennent pas pourquoi les prix sont élevés dans les magasins en dollars. Je l'explique à de nombreuses personnes, à de nombreux chefs d'entreprise qui viennent ici. Dans les magasins en dollars, le gouvernement impose des prix plus élevés pour pouvoir financer les programmes qui apporteront une petite compensation à ceux qui ne reçoivent pas de dollars. C'est pour cela que dans ces magasins les articles sont chers.

Nous subventionnons certains articles auxquels tous à Cuba ont accès sans distinction. Ici, tous ont accès à la médecine gratuite. Chacun ici peut subir une opération du coeur sans se préoccuper de l'état de son compte en banque. L'enseignement, tous le reçoivent gratuitement. Notre sécurité sociale ne couvre pas seulement la pension de retraite de chaque citoyen mais aussi l'incapacité de travail, la maternité et la grossesse. Quelques amis nous critiquent parce que nous conservons ces programmes. Mais nous démontrons ainsi tout ce qu'il est possible de faire malgré des ressources économiques limitées. Le principal, ce sont les ressources humaines.

Cette bataille est indubitablement complexe, mais elle est vitale. Il faut voir comment s'expriment nos enfants, nos jeunes. Il faut voir leur niveau politique. Cela aussi, nous voulons le répandre le plus largement possible. Nous voulons vulgariser la culture, l'éducation, pour défendre notre identité nationale, notre identité socialiste. Mais surtout, nous voulons enseigner à nos jeunes à penser.

CHUI : L'une des organisations ayant joué un rôle d'avant-garde dans la bataille des idées est l'Association des combattants de la révolution cubaine. C'est une organisation qui regroupe ceux qui ont combattu pour faire avancer la révolution cubaine et ses missions internationalistes. Des *compañeros* qui se sont battus dans l'Armée rebelle, dans la lutte clandestine, à la baie des Cochons, dans la lutte contre les bandits contre-révolutionnaires ou qui ont accompli des missions internationalistes comme combattants ou comme médecins ou enseignants.

Tous les combattants, nous faisons des exposés ou avons des échanges avec les étudiants, les travailleurs ou les habitants du quartier, des écoles et des centres de travail qui nous sont attribués. Nous discutons de notre expérience dans la lutte révolutionnaire aussi bien à Cuba que lors des missions internationalistes. Nous expliquons l'histoire de la révolution et ses contributions à d'autres causes.

Mais il ne s'agit pas principalement du passé. Notre histoire s'écrit toujours. Nous continuons de nous battre jour après jour pour défendre inconditionnellement notre révolution socialiste.

C'est pourquoi l'Association des combattants est en première ligne de la lutte pour la libération de nos cinq héros, cinq combattants contre le terrorisme injustement emprisonnés et pris en otage dans les geôles des États-Unis. Nous sommes également parmi les premiers à condamner et dénoncer les mesures agressives prises par le gouvernement US à l'égard de notre pays.

CHOY : Vous avez maintenant entendu nos histoires. Vous pourriez écrire un livre sur Chui : où il a vécu, les endroits où il a travaillé, ce que son père a fait pour subvenir aux besoins de sa famille. Sur Moisés aussi et comment son beau-frère l'a exploité.

J'ai déjà partagé avec vous l'histoire de cet homme qui est entré dans le commerce de mon père et ne pouvait pas donner à manger à sa famille parce qu'il n'avait pas sept centimes. L'histoire de mon ami qui n'a pas eu accès à un bal parce qu'il était fils de Chinois.

Nous savons ces choses. Nous les avons vécues. Nous en avons souffert.

Maintenant, les jeunes ne voient pas cela. Ils ne subissent pas ce type de discrimination basée sur la couleur de la peau, l'argent ou quoi que ce soit d'autre. Peut-être n'avons-nous pas l'alimentation la plus saine mais à Cuba tout le monde a ses trois repas quotidiens. Tous les enfants et tous les jeunes, jusqu'en neuvième année scolaire, ont à midi un repas garanti à l'école. Avant la révolution, ils n'étaient pas tous certains de pouvoir aller à l'école. Et encore moins d'avoir accès à un médecin.

Il faut éduquer les jeunes pour qu'ils sachent ces choses. Il faut les éduquer pour qu'ils connaissent l'histoire de Cuba, la guerre d'indépendance contre l'Espagne, la guerre contre la dictature de Batista, la victoire glorieuse de la baie des Cochons, la lutte contre les bandes de contre-révolutionnaires, les missions internationalistes. Pour qu'ils comprennent vraiment ce qu'est une révolution, ce qu'est le socialisme.

Ces jeunes médecins, enseignants, entraîneurs et autres qui vont à l'étranger en mission internationaliste, s'éduquent en voyant le système social de ces pays. Ils voient que notre système social est très différent. Ils apprennent qu'un monde meilleur est réellement possible. Mais seulement avec une révolution socialiste.

Glossaire des individus, organisations et événements

Abreu, Gerardo (Fontán) (1932-1958) – Jeune travailleur d'imprimerie, devient un dirigeant de la Jeunesse orthodoxe, puis chef des Brigades de jeunesse du Mouvement du 26 juillet à la Havane. Un dirigeant de la résistance clandestine urbaine pendant la guerre révolutionnaire. Capturé, torturé et assassiné par la dictature en février 1958.

Acevedo, Enrique (1942-) – Rejoint l'Armée rebelle en juillet 1957 à l'âge de 14 ans. Combat dans la colonne 8 de Che Guevara. Se rend en Angola en 1977 et 1987-1988, où il dirige une brigade de chars d'assaut. Brigadier-général à la retraite des forces armées de Cuba.

Agramonte, Ignacio (1841-1873) – Major général de l'Armée de libération dans la province de Camagüey pendant la première guerre d'indépendance de Cuba. Mort au combat.

Aldana, Carlos (1942-) – Adhère au Mouvement du 26 juillet à l'âge de 14 ans. Combat dans l'Armée rebelle. Membre du Comité central du Parti communiste de 1980 à 1992, fait partie du Bureau politique et du Secrétariat. En 1988, dirige l'équipe de négociation de Cuba durant les dernières étapes des pourparlers avec Pretoria et Washington pour mettre fin à la guerre en Angola. Sanctionné et démis de ses fonctions en 1992.

Almeida, Juan (1927-2009) – Maçon et membre du Parti orthodoxe à la Havane au moment du coup d'État de Batista en 1952. Participe en 1953 à l'attaque contre la Moncada ; condamné à dix ans de prison. Libéré en mai 1955 suite à une campagne d'amnistie. Expéditionnaire du *Granma* en 1956. Promu commandant en février 1958, dirige le troisième front

oriental. Après 1959, ses responsabilités comprennent : chef
de l'armée de l'air, vice-ministre des Forces armées révolutionnaires et vice-président du Conseil d'État. Un des trois
combattants de la Sierra à détenir le grade de Commandant
de la révolution. Membre du Comité central et du Bureau
politique du Parti communiste de 1965 à 2009. Héros de la
République de Cuba. Président de l'Association des combattants de la révolution, de sa fondation en 1993 jusqu'à sa
mort en 2009.

Armée des jeunes du travail (EJT) – Branche des Forces armées révolutionnaires de Cuba, composée de détachements
de jeunes qui effectuent des travaux agricoles, de construction
et autres tout en s'entrainant militairement. Ses membres sont
payés selon le type de travail accompli.

Association des combattants de la révolution cubaine
(ACRC) – Fondée en 1993, l'organisation regroupe des
combattants de l'Armée rebelle, de la lutte clandestine
urbaine, de Playa Girón, de la lutte contre les bandes
contre-révolutionnaires et des missions internationalistes de
Cuba, aussi bien militaires que civiles. Ses 300 000 membres
transmettent l'histoire et les leçons de la révolution aux nouvelles générations.

Baie des cochons. *Voir* Playa Girón

Barredo, Lázaro (1948-) – Journaliste et écrivain. Directeur du
quotidien cubain *Granma* de 2005 à 2013 ; journaliste pour le
magazine *Bohemia*. Vice-président de l'Union des journalistes
cubains et vice-président de la Commission des relations internationales à l'Assemblée nationale de Cuba.

Batista, Fulgencio (1901-1973) – Militaire cubain, homme fort
du pays de 1934 à 1958. Dirige le coup d'État de 1952 qui établit une dictature soutenue par Washington. Fuit Cuba le 1er
janvier 1959 devant l'avancée de l'Armée rebelle, de l'insurrection populaire et de la grève générale.

Bolívar, Simón (1783-1830) – Patriote latino-américain né à Caracas. De 1810 à 1824, dirige une série de rébellions armées qui aident une grande partie de l'Amérique du Sud à gagner son indépendance de l'Espagne.

Bordón, Víctor (1930-2014) – Membre de la Jeunesse orthodoxe et plus tard du Mouvement du 26 juillet à Las Villas. Forme une unité de guérilla du Mouvement du 26 juillet qui opère dans les montagnes de l'Escambray et s'intègre en octobre 1958 au front de Las Villas dirigé par Che Guevara. Atteint le rang de commandant. Par la suite, assume des responsabilités de direction nationales au ministère de la Construction et de directeur à la société d'État de production métallique Cometal.

Bu, José – Officier d'origine chinoise dans l'armée d'indépendance cubaine, aux côtés du général Máximo Gómez. Combat dans les guerres d'indépendance de 1868-1898 à Cuba, où il atteint le rang de lieutenant-colonel.

Cabral, Amilcar (1924-1973) – Fonde en 1956 le Parti africain pour l'indépendance de la Guinée-Bissau et du Cap-Vert (PAIGC), dont il devient le dirigeant central. À partir de 1963, dirige la guerre de guérilla qui gagne l'indépendance de la Guinée-Bissau du Portugal en 1974 et celle du Cap-Vert en 1975. Assassiné en janvier 1973 par des opposants au sein du PAIGC encouragés par la police secrète portugaise.

Carreras, Jesús (1933-1961) – Un dirigeant du Deuxième front national de l'Escambray. Se joint à des bandes contre-révolutionnaires armées dans les montagnes de l'Escambray après la victoire de la révolution. Capturé, jugé et exécuté.

Carrión Ramírez, Miriam (1945-) – Chercheure agricole à l'Institut de recherche fondamentale sur l'agriculture tropicale (INIFAT). Fonde un projet d'agriculture à petite échelle au Venezuela.

Castillo, Bárbara (1946-) – Ministre du Commerce intérieur de 1995 à 2006. Membre du Comité central du Parti communiste de 1991 à 2011.

Castro, Fidel (1926-2016) – Dirigeant étudiant à l'Université de La Havane à partir de 1945. Un organisateur central de la jeunesse du Parti orthodoxe après la fondation du parti en 1947. Candidat du Parti orthodoxe à la Chambre des représentants dans les élections de 1952, annulées par Fulgencio Batista à la suite du coup d'État du 10 mars. Dirige le mouvement révolutionnaire contre la tyrannie de Batista qui attaque le 26 juillet 1953 les garnisons de la Moncada à Santiago de Cuba et Manuel de Céspedes à Bayamo. Capturé, jugé et condamné à 15 ans de prison. Des dizaines de milliers d'exemplaires de son plaidoyer, *L'Histoire m'acquittera*, sont diffusés à travers Cuba, ce qui en fait le programme révolutionnaire du mouvement. Relâché en 1955 à la suite d'une campagne nationale d'amnistie, dirige la fondation du Mouvement révolutionnaire du 26 juillet. Organise l'expédition du *Granma* fin 1956 à partir du Mexique et commande l'Armée rebelle pendant la guerre révolutionnaire. Après le triomphe de la révolution, premier ministre de février 1959 à 1976. Président du Conseil d'État et du Conseil des ministres, 1976-2008. Commandant en chef des Forces armées révolutionnaires, 1959-2008, et Premier secrétaire du Parti communiste de Cuba, 1965-2011.

Castro, Raúl (1931-) – Organise des manifestations étudiantes à l'université de La Havane contre la dictature de Batista, participe en 1953 à l'attaque contre la Moncada. Capturé et condamné à treize ans de prison. Relâché en mai 1955 à la suite d'une campagne nationale d'amnistie. Membre fondateur du Mouvement du 26 juillet et un participant à l'expédition du *Granma* en 1956. Promu au rang de commandant de l'Armée rebelle en février 1958, dirige le deuxième front oriental. Ministre des Forces armées révolutionnaires,

1959-2008. Vice-premier ministre, 1959-1976. Premier vice-président du Conseil d'État et du Conseil des ministres, 1976-2008 ; leur président, 2008-2018. Deuxième secrétaire du Parti communiste de Cuba, 1965-2011 ; premier secrétaire depuis 2011.

Chávez, Hugo (1954-2013) – Lieutenant-colonel de l'armée vénézuélienne, dirige le coup d'État militaire avorté de 1992 contre le gouvernement de Carlos Andrés Pérez. Emprisonné deux ans. Élu président du Venezuela en 1998, 2000, 2006 et 2012. Lui et le président cubain Fidel Castro fondent en 2004 l'Alternative bolivarienne pour les peuples de notre Amérique (ALBA). Utilise les revenus pétroliers pour financer des programmes sociaux au Venezuela et fournir du carburant à des prix préférentiels aux pays des Caraïbes. Travailleurs, paysans et jeunes se mobilisent à plusieurs reprises pour contrer les tentatives de la bourgeoisie vénézuélienne, avec le soutien de Washington, de renverser son gouvernement et celui de son successeur, Nicolás Maduro.

Chibás, Eduardo (1907-1951) – Un dirigeant du Directoire étudiant dans la lutte contre la dictature de Machado pendant les années 1920 et 1930. Membre du Parti authentique. En 1947, dirigeant fondateur du Parti orthodoxe (Parti du peuple cubain), parti d'opposition qui bénéficie d'un large appui populaire. Élu sénateur en 1950. Le 5 août 1951, en signe de protestation contre la corruption du gouvernement, il se tire une balle à la fin d'une allocution radiophonique. Meurt onze jours plus tard.

Chomón, Faure (1929-) – Dirigeant du Directoire révolutionnaire et survivant de l'attaque du 13 mars 1957 contre le palais présidentiel. Organise l'expédition de février 1958 qui établit un front de guérilla dans les montagnes de l'Escambray. Dirige l'intégration de cette colonne dans le front de Las Villas commandé par Che Guevara en octobre 1958. Atteint le rang de commandant. Membre du Comité central du Parti communiste depuis 1965. Député à l'Assemblée nationale du pouvoir populaire depuis 1976.

Cienfuegos, Camilo (1932-1959) – Expéditionnaire du *Granma* en 1956. Capitaine dans la colonne 4 de l'Armée rebelle dirigée par Che Guevara, promu au rang de commandant en 1958. D'août à octobre 1958, dirige à partir de la Sierra Maestra la colonne 2 « Antonio Maceo » vers Pinar del Río à l'ouest. Opère dans le nord de Las Villas jusqu'à la fin de la guerre. Devient chef d'état-major de l'Armée rebelle en janvier 1959. Périt le 28 octobre 1959 quand l'avion qui le transporte se perd en mer en revenant de Camagüey à La Havane.

Cinq Cubains – Gerardo Hernández, Ramón Labañino, Antonio Guerrero, Fernando González et René González, connus à travers le monde comme les Cinq Cubains. Arrêtés en 1998 en Floride, où ils surveillent les activités des organisations contre-révolutionnaires cubaines qui planifient des attaques contre des cibles cubaines et américaines. Emprisonnés par l'administration Clinton sur la base de nombreuses accusations fabriquées, dont celles de complot pour espionnage et, dans le cas d'Hernández, de complot pour meurtre. Trois reçoivent initialement des condamnations à perpétuité. René González et Fernando González purgent la totalité de leurs peines et sont respectivement libérés après plus de quatorze et quinze ans d'emprisonnement. Antonio Guerrero, Ramón Labañino et Gerardo Hernández reviennent au pays le 17 décembre 2014, lorsque les relations diplomatiques américano-cubaines sont rétablies. Trois des Cinq, Gerardo Hernández, Fernando González et René González, ont servi en Angola.

Cintra Frías, Leopoldo (« Polo ») (1941-) – Né dans une famille paysanne près de Yara, dans l'est de Cuba. Se joint à l'Armée rebelle en novembre 1957, termine la guerre en tant que lieutenant. Commande des forces sur le front sud de l'Angola en 1975-1976. Mission internationaliste en Éthiopie, 1978. Dirige la mission militaire cubaine en Angola en 1983-1986 et 1989. En tant que commandant du front Sud à partir de décembre 1987, dirige les troupes qui défont les forces sud-africaines à Cuito Cuanavale et se déploient vers la frontière namibienne en 1988. Héros de la République de Cuba. Membre du Bureau politique du Parti communiste depuis 1991. Ministre des Forces armées révolutionnaires depuis 2011. Général de corps d'armée.

Colomé Ibarra, Abelardo (1939-) – Se joint à l'Armée rebelle en mars 1957 comme membre de sa première unité de renfort et atteint le grade de commandant. Volontaire internationaliste en Argentine et en Bolivie de 1962 à 1964, en soutien au front de guérilla dirigé par Jorge Ricardo Masetti en Argentine. Dirige la mission militaire de Cuba en Angola en 1975-1976. Membre du Comité central du Parti communiste, 1975-2016, et du Bureau politique, 1986-2016. Vice-président du Conseil d'État, 1993-2013. Ministre de l'Intérieur, 1989-2015. Général de corps d'armée (retraité).

Crise « des missiles » (Crise d'octobre) – Face à l'escalade des préparatifs d'invasion de Cuba par Washington au printemps et à l'été de 1962, le gouvernement cubain signe un accord de défense mutuelle avec l'Union soviétique. En octobre 1962, le président américain John Kennedy exige le retrait des missiles nucléaires soviétiques installés à Cuba après la signature du pacte. Washington impose un blocus naval de Cuba, intensifie ses préparatifs d'invasion et place ses forces armées en état d'alerte nucléaire. Des millions de travailleurs et d'agriculteurs se mobilisent pour défendre la révolution. Après un échange de communications entre Washington et Moscou, le premier ministre soviétique Nikita Khrouchtchev annonce le 28 octobre, sans consulter le gouvernement cubain, sa décision de retirer les missiles.

Cuevas, Andrés (1915-1958) – Travailleur originaire du village de Camajuaní dans Las Villas. Se joint à l'Armée rebelle au début de 1957, accède au rang de capitaine. Tué à la bataille d'El Jigüe, le 19 juillet 1958. Promu commandant à titre posthume.

Curita, El. *Voir* González, Sergio

Deuxième front national de l'Escambray – Groupe armé à Las Villas, dirigé par Eloy Gutiérrez Menoyo. Créé en novembre 1957 à l'initiative du Directoire révolutionnaire, en est expulsé au milieu de 1958 parce qu'il terrorise les paysans de l'Escambray. Refuse de collaborer avec les forces de l'Armée rebelle dirigées par Che Guevara et d'autres unités révolutionnaires. Après 1959, la plupart de ses dirigeants passent à la contre-révolution.

Díaz Argüelles, Raúl (1936-1975) – Membre du Directoire révolutionnaire à La Havane. Se joint à la colonne de guérilla du Directoire dans les montagnes de l'Escambray en 1958. Devient un commandant de l'Armée rebelle la même année. Au début des années 1970, dirige la dixième Direction des Forces armées révolutionnaires, qui supervise l'aide aux missions internationalistes de Cuba. Premier chef de la mission militaire cubaine en Angola en 1975. Tué par une mine terrestre en décembre 1975. Promu brigadier général à titre posthume. Héros de la République de Cuba.

Directoire révolutionnaire – Fondé en 1955 par José Antonio Echeverría et d'autres dirigeants de la Fédération des étudiants universitaires. Signe un accord en 1956 au Mexique avec le Mouvement du 26 juillet pour coopérer dans des actions contre la dictature. Organise l'attaque du 13 mars 1957 contre le Palais présidentiel. Une quarantaine de membres et de dirigeants, dont Echeverría, sont tués par la police ce jour-là et dans les semaines qui suivent. En octobre 1958, sa colonne de guérilla dans les montagnes de l'Escambray se

joint au front commandé par Che Guevara. Fusionne avec
le Mouvement du 26 juillet et le Parti socialiste populaire en
1961.

Dreke, Víctor (1937-) – Membre du Mouvement du 26 juillet
à Sagua la Grande, Las Villas. Se joint à la colonne du Directoire révolutionnaire qui s'intègre en octobre 1958 à la colonne
de l'Armée rebelle dirigée par Che Guevara. De 1960 à 1965,
commande des forces dans les montagnes de l'Escambray
dans la lutte contre les bandes contre-révolutionnaires. En
1965, commandant en second d'une colonne de volontaires
dirigée par Che Guevara au Congo. En 1966-1968, dirige les
internationalistes cubains qui soutiennent les forces de libération nationale en Guinée-Bissau. Est par la suite chef de la
Direction politique des FAR. Se retire du service militaire actif
avec le grade de colonel. Ambassadeur en Guinée équatoriale,
2003-2008. Président de l'Association d'amitié Cuba-Afrique
et dirigeant de l'Association des combattants de la révolution
cubaine dans la province de La Havane.

Esclavage à Cuba – Amenés pour la première fois à Cuba en
1517 par la couronne espagnole, les esclaves sont la principale source de main-d'oeuvre de l'industrie du sucre.
Constituent un tiers de la population cubaine au début des
années 1840. La crainte des révoltes et les traités internationaux interdisant le commerce des esclaves à partir de 1817,
alors que la production de sucre à Cuba se développe, sus-
citent le commerce des « coolies » : quelque 125 000 travailleurs sous contrat chinois sont amenés dans l'île de 1847
à 1874. En 1869, pendant la première guerre de libération
contre l'Espagne, la République en armes décrète l'abolition
de l'esclavage et de toute forme de travail asservi et intègre
dans l'armée indépendantiste tous ceux qui souhaitent se
battre. L'Espagne décrète l'élimination graduelle de l'esclavage en 1870 et, en 1880, transforme les derniers esclaves en

travailleurs asservis sous le système du *patronato*. Le 7 octobre 1886, les derniers 25 000 *patrocinados* sont émancipés.

Espín, Vilma (1930-2007) – Membre fondatrice du Mouvement du 26 juillet à Santiago de Cuba. Collaboratrice de Frank País, aide à organiser le soulèvement du 30 novembre 1956 à Santiago et devient coordinatrice du Mouvement du 26 juillet dans la province d'Oriente après la mort de País. Rejoint l'Armée rebelle en juillet 1958, combat dans le deuxième front oriental. Présidente de la Fédération des femmes cubaines, de sa fondation en 1960 jusqu'à sa mort. Membre du Comité central du Parti communiste, 1965-2007, et du Bureau politique, 1980-1991. Membre du Conseil d'État, 1976-2007. Héroïne de la République de Cuba.

Espinosa, Ramón (1939-) – Membre du Mouvement du 26 juillet, se joint à la colonne de guérilla du Directoire révolutionnaire dans l'Escambray en 1958. Premier lieutenant à la fin de la guerre. Combat en Angola en 1975-1976, grièvement blessé par une mine antichar. Chef de la mission militaire cubaine en Ethiopie, 1980-1982. Depuis 2009, vice-ministre des Forces armées révolutionnaires. Membre du Comité central du Parti communiste depuis 1980, du Bureau politique depuis 1991. Détient le grade de général de corps d'armée. Héros de la République de Cuba.

Fontán. *Voir* Abreu, Gerardo

García, Guillermo (1928-) – Paysan de la Sierra Maestra, adhère à une cellule du Mouvement du 26 juillet. Après le débarquement du *Granma* en décembre 1956, aide à organiser le regroupement des forces rebelles dans les montagnes de la Sierra Maestra. Au début de 1957, combat dans la colonne 1 dirigé par Fidel Castro. Promu commandant du troisième front oriental dirigé par Juan Almeida à la fin de 1958. Membre du Comité central du Parti communiste depuis 1965 ; du Bureau politique, 1965-1986. Ministre des transports,

1974-1985. Membre du Conseil d'État. Un des trois combattants de la Sierra Maestra à détenir le titre de Commandant de la Révolution.

Gómez, Máximo (1836-1905) – Né en République dominicaine, combat dans la guerre d'indépendance de Cuba, 1868-1878. Major général de l'Armée de libération à la fin du conflit. Lorsque la guerre reprend en 1895, retourne à Cuba comme général en chef de l'armée d'indépendance cubaine.

González, Sergio (El Curita) (1922-1958) – Dirigeant syndical des travailleurs de tramway et des chauffeurs d'autobus de La Havane à la fin des années 1940, adhère au Parti orthodoxe. En 1955, membre fondateur du Mouvement du 26 juillet. Pendant la guerre révolutionnaire, aide à diriger la lutte clandestine urbaine à La Havane, où il gère l'imprimerie utilisée par le mouvement. Ancien séminariste, surnommé « El Curita » (le petit prêtre). Assassiné en mars 1958 par la dictature de Batista.

Grève générale du 9 avril – Le 9 avril 1958, le Mouvement du 26 juillet appelle à une grève générale à travers Cuba pour tenter de renverser la dictature. Annoncée sans préparation suffisante, l'action échoue. Les forces de Batista répondent en intensifiant la répression et en lançant une offensive majeure contre les positions de l'Armée rebelle dans la Sierra Maestra.

Guerres d'indépendance cubaines – De 1868 à 1898, les Cubains mènent trois guerres pour arracher leur indépendance à l'Espagne : la Guerre de dix ans de 1868-1878, la « Petite guerre » de 1879-1880 et la guerre de 1895-1898, qui met fin à la domination espagnole. Le gouvernement US occupe Cuba après la défaite de l'Espagne.

Guevara, Ernesto Che (1928-1967) – Dirigeant argentin de la révolution cubaine. Médecin lors de l'expédition du *Granma*. Premier combattant promu commandant dans la guerre révolutionnaire. En 1958, dirige la colonne de l'Armée rebelle qui se rend de l'Oriente aux montagnes de l'Escambray. Unifie les groupes révolutionnaires de la province de Las Villas et les dirige pendant la campagne qui capture Santa Clara à la fin décembre 1958. Après la victoire du 1er janvier 1959, en plus de ses tâches militaires, assume parmi d'autres responsabilités celles de président de la Banque Nationale et de ministre de l'Industrie. Représente souvent la direction révolutionnaire dans le monde. À partir d'avril 1965, dirige la colonne cubaine qui lutte aux côtés des forces anti-impérialistes au Congo. À la fin de 1966, dirige un détachement de volontaires internationalistes en Bolivie. Blessé et capturé le 8 octobre 1967 par l'armée bolivienne au cours d'une opération organisée par la CIA. Assassiné le lendemain.

Haïti, révolution – Sous l'impact de la révolution française de 1789, une insurrection d'esclaves éclate en 1791 dans la colonie sucrière française de Saint-Domingue. Dirigés par Toussaint Louverture puis par Jean-Jacques Dessalines, les rebelles abolissent l'esclavage et repoussent les invasions des armées française, espagnole et britannique. En 1804, ils établissent la République d'Haïti, le deuxième pays indépendant après les États-Unis dans l'hémisphère occidental et la première république au monde dirigée par des Noirs. L'exemple de la révolution haïtienne terrifie les propriétaires de plantations et inspire les Noirs asservis de toute la région, de la Louisiane à Cuba en passant par l'Amérique du Sud.

Herrera, Osvaldo (1933-1958) – Dirigeant étudiant de la lutte contre Batista. Capitaine de l'Armée rebelle, est adjudant du commandant Camilo Cienfuegos. Envoyé à Holguín en juin 1958 pour y réorganiser la direction de la clandestinité urbaine du Mouvement du 26 juillet. Fait prisonnier, se suicide plutôt que de livrer des informations.

Irak, guerre (2003) – En mars 2003, quelque 250 000 soldats US et 45 000 soldats britanniques envahissent l'Iraq sous la protection d'intenses bombardements des principales villes. Les forces impérialistes rencontrent peu de résistance et prennent Bagdad en trois semaines. Elles renversent le régime baathiste de Saddam Hussein et commencent une occupation militaire de plusieurs années. La guerre de 2003 a été précédée par celle de 1990-1991 initiée par les États-Unis, guerre suivie par 12 années de bombardements et de sanctions économiques impérialistes.

ISSCO – Société internationale pour l'étude des Chinois d'outre-mer, fondée lors d'une conférence tenue en 1992 à San Francisco à l'initiative de Wang Gungwu de l'Université nationale de Singapour et de Ling-chi Wang, directeur des études ethniques à l'Université de la Californie à Berkeley. Rassemble des professeurs et chercheurs du monde entier qui étudient la diaspora chinoise.

Jordan, Thomas (1819-1895) – Général de l'armée confédérée pendant la guerre civile aux États-Unis. Partisan du mouvement indépendantiste cubain, dirige en 1869 une expédition de 300 hommes à Cuba. Devient général et chef d'état-major de l'Armée de libération. Retourne par la suite aux États-Unis.

Kaï-chek, Tchang. *Voir* Tchang Kaï-chek

Kuomintang (Parti nationaliste). *Voir* Tchang Kaï-chek

Lazo, Esteban (1944-) – Ouvrier agricole de Matanzas, membre fondateur de l'Association des jeunes rebelles après la victoire de 1959. Participe à la campagne d'alphabétisation de 1961. Adhère en 1963 à l'organisation qui deviendra le Parti communiste de Cuba. Membre du Bureau politique du PCC depuis 1986 ; chef de son département d'éducation et d'orientation politique, 2003-2013. Vice-président du Conseil d'État depuis 1992. Premier secrétaire du parti dans la province de la ville de La Havane, 1994-2003. Président de l'Assemblée nationale du pouvoir populaire depuis 2013.

Leyva, Enio (1936-) – Dirigeant des Brigades de la jeunesse du Mouvement du 26 juillet, responsable de son travail dans les écoles secondaires. En 1956, en devient chef de l'action et du sabotage à La Havane. Alors qu'il s'entraîne pour faire partie de l'expédition du *Granma*, est arrêté par la police mexicaine. Retourne à Cuba en 1959 et rejoint les Forces armées révolutionnaires. Général de brigade (à la retraite).

López, Antonio (« Ñico ») (1934-1956) – Dirigeant de la jeunesse du Parti orthodoxe. Participe à l'attaque de la garnison de Bayamo le 26 juillet 1953. Échappe aux arrestations et se rend au Guatemala. Il y rencontre Ernesto Guevara en 1954 et aide à le recruter au Mouvement du 26 juillet. En 1955-1956, membre de la Direction nationale du Mouvement du 26 juillet et dirigeant de ses Brigades de jeunesse. Participe à l'expédition du *Granma* en décembre 1956. Capturé et assassiné par l'armée peu après le débarquement.

López Cuba, Néstor (1938-1999) – Issu d'une famille paysanne à Holguín. Adhère au Mouvement du 26 juillet en 1957 et rejoint l'Armée rebelle en mai 1958. Blessé à Playa Girón alors qu'il dirige une unité de chars. Participe à des missions internationalistes en Syrie en 1973 et Angola en 1975-1976. Après 1979, dirige la mission militaire cubaine au Nicaragua pendant la guerre contre les forces contre-révolutionnaires soutenues par les États-Unis. À sa mort, général de division des FAR, membre du Comité central du Parti communiste et chef exécutif de l'Association des combattants de la révolution cubaine.

Maceo, Antonio (1845-1896) – Connu à Cuba comme le Titan de bronze, dirigeant militaire dans les guerres d'indépendance contre l'Espagne au dix-neuvième siècle. Dirige une marche en 1895-1896 qui se rend de l'Oriente à la province de Pinar del Río à l'ouest. À la fin de la première guerre en 1878, devient le symbole de l'intransigeance révolutionnaire en refusant de déposer les armes dans ce qui est connu comme la Protestation de Baraguá. Tué au combat.

Machado, Gerardo (1871-1939) – Élu président de Cuba en 1924. Impose de force la prolongation de son mandat en 1927, ce qui déclenche des protestations brutalement réprimées à travers l'île. De 1927 à 1933, à la tête d'une dictature soutenue par les États-Unis. S'exile quand un soulèvement révolutionnaire renverse le régime en août 1933.

Mambises – Combattants dans les trois guerres d'indépendance de Cuba contre l'Espagne, 1868-1898. Beaucoup sont des esclaves affranchis ou en fuite, ou des travailleurs chinois sous contrat en fuite. Le mot *mambí* est d'origine africaine.

Mandela, Nelson (1918-2013) – Dirige le Congrès national africain (ANC) dans la lutte contre l'apartheid en Afrique du Sud à partir des années 1940. Arrêté en 1962 et emprisonné plus de 27 ans. Libéré en 1990 sous la pression de la lutte de masse grandissante, fortement renforcée par la défaite de l'armée de l'apartheid en Angola en 1988. Élu président de l'Afrique du Sud en 1994 lors des premières élections tenues après l'apartheid. Demeure en poste jusqu'en 1999.

Marcano, Luis (1831-1870) – Né en République dominicaine, devient général de l'armée cubaine d'indépendance. Tué au combat.

March, Aleida (1934-) – Membre du mouvement urbain clandestin du Mouvement du 26 juillet à Las Villas. À la fin de 1958, se rend dans les montagnes de l'Escambray et se joint à la colonne 8 de l'Armée rebelle. Veuve d'Ernesto Che Guevara.

Márquez, Juan Manuel (1915-1956) – Emprisonné pendant les années 1930 pour son opposition à la dictature de Machado. Un dirigeant fondateur en 1947 du Parti orthodoxe et de son aile gauche. Rejoint le Mouvement du 26 juillet en 1955. Commandant en second de l'expédition du *Granma*. Capturé quelques jours après le débarquement et assassiné.

Martí, José (1853-1895) – Héros national de Cuba. Poète et écrivain, arrêté et exilé à 16 ans pour ses activités indépendantistes. Fonde le Parti révolutionnaire de Cuba en 1892. Dirige la lutte contre le pouvoir colonial de l'Espagne et les visées des États-Unis envers Cuba. Organise la guerre d'indépendance de 1895. Tué au combat.

Martínez Gil, Pascual (1943-2014) – Membre du Mouvement du 26 juillet pendant la lutte contre Batista. Chef des troupes spéciales du ministère de l'Intérieur en Angola en 1975. Membre du Comité central du Parti communiste, 1980-1989. Sous-ministre de l'Intérieur, 1980-1989. Général de division. Arrêté en 1989, accusé d'abus d'autorité et d'utilisation inappropriée de fonds et de ressources du gouvernement ; condamné à 12 ans de prison.

Martínez Hierrezuelo, Miguel Mariano – Combattant de la lutte clandestine du Mouvement du 26 juillet à Santiago de Cuba. Participe le 30 novembre 1956 au soulèvement d'appui au débarquement du *Granma*. Combat dans la colonne 1 de l'Armée rebelle sous Fidel Castro, ensuite dans le troisième front dirigé par Juan Almeida.

Masetti, Jorge Ricardo (1929-1964) – Journaliste argentin, se rend dans la Sierra Maestra en janvier 1958 et est gagné à la cause des rebelles. Fonde l'agence de presse Prensa Latina. Disparaît et est présumé mort alors qu'il dirige un front de guérilla dans le nord de l'Argentine ; son corps n'a jamais été retrouvé.

Mella, Julio Antonio (1903-1929) – Président fondateur de la Fédération des étudiants universitaires (FEU) en 1923. Un dirigeant fondateur du Parti communiste de Cuba en 1925. Arrêté par la police de Machado en 1926, s'échappe au Mexique d'où il continue à oeuvrer contre la dictature. Assassiné à Mexico par des agents de Machado en janvier 1929.

Milices des troupes territoriales – Milices formées de volontaires, mises sur pied à l'échelle du pays en 1980 pour défendre Cuba contre les menaces accrues d'attaque impérialiste à la suite des victoires révolutionnaires à la Grenade et au Nicaragua. Comptent 1,5 million de travailleurs, agriculteurs, étudiants et femmes au foyer qui s'entrainent pendant leur temps libre et contribuent au financement de leurs dépenses militaires.

Moncada, attaque de – Le 26 juillet 1953, quelque 160 révolutionnaires sous le commandement de Fidel Castro lancent une attaque insurrectionnelle contre la caserne militaire de la Moncada à Santiago de Cuba et contre celle de Bayamo. C'est le début de la lutte armée révolutionnaire contre la dictature de Batista. Cinq d'entre eux sont tués au combat à la Moncada. Après l'échec de l'action, les forces de Batista massacrent 56 révolutionnaires faits prisonniers. Fidel Castro, Raúl Castro, Juan Almeida et 25 autres sont capturés, jugés et condamnés à des peines allant jusqu'à 15 ans de prison. Ils sont amnistiés le 15 mai 1955 après une grande campagne nationale exigeant leur libération.

Moracén, Rafael (1939-) – Rejoint l'Armée rebelle en 1958. Participe à des missions internationalistes au Congo-Brazzaville, 1965-1967 ; en Syrie, 1973 ; et en Angola, 1975-1982. Détient le rang de brigadier général (à la retraite). Héros de la République de Cuba. A été chef des relations internationales de l'Association des combattants de la révolution cubaine.

Mouvement révolutionnaire du 26 juillet – Fondé en juin 1955 par Fidel Castro et d'autres participants à l'attaque contre la Moncada, dans une fusion qui regroupe d'autres forces révolutionnaires. Parmi ces dernières, l'Action nationale révolutionnaire (ANR) que dirige Frank País et le Mouvement national révolutionnaire (MNR) dirigé par Armando Hart et Faustino Pérez. En mai 1958, la direction nationale du Mouvement est centralisée dans la Sierra Maestra et Fidel Castro en devient le secrétaire général tout en demeurant commandant en chef de l'Armée rebelle. En 1961, l'organisation dirige la fusion avec le Parti socialiste populaire et le Directoire révolutionnaire, qui conduira en 1965 à la création du Parti communiste de Cuba.

País, Frank (1934-1957) – Vice-président de la Fédération des étudiants universitaires dans l'Oriente. Dirigeant central de l'Action nationale révolutionnaire (ANR) et plus tard du Mouvement national révolutionnaire (MNR). En septembre 1955, le MNR se joint au Mouvement du 26 juillet, dont País devient le dirigeant central dans la province d'Oriente, le chef d'action national et le chef de ses milices urbaines. Assassiné par les forces de la dictature le 30 juillet 1957.

Pardo Guerra, Ramón (1939-) – Rejoint l'Armée rebelle en 1957 ; sert dans la colonne 8 sous Che Guevara en 1958. Membre du Comité central du Parti communiste, 1965-1986 et depuis 1997. Participe à la mission internationaliste en Angola en 1980. Héros de la République de Cuba. Chef de l'état-major national de la défense civile depuis 2002. Général de division.

Parti authentique (Parti révolutionnaire cubain) – Créé en 1934. Populairement connu comme *auténticos*, ses membres se disent les partisans authentiques du Parti révolutionnaire cubain de José Martí. Forme le gouvernement de 1944 à 1952 sous les présidents Ramón Grau et Carlos Prío. Composante centrale de l'opposition bourgeoise à Batista, 1952-1958. Forme une aile armée, l'Organisation authentique. Après la chute du régime de Batista, alors que la révolution s'approfondit en 1959-1960, les principaux dirigeants auténticos quittent Cuba pour les États-Unis, où ils rejoignent les forces contre-révolutionnaires.

Parti socialiste populaire (PSP) – Nom adopté en 1944 par le Parti communiste de Cuba. Le PSP s'oppose à la dictature de Batista mais rejette le cours politique de l'attaque de la Moncada et du lancement en 1956-1957 d'une guerre révolutionnaire par le Mouvement du 26 juillet. Les cadres du PSP collaborent avec le Mouvement du 26 juillet dans les derniers mois de la lutte contre la dictature. Après la victoire de 1959, le Mouvement du 26 juillet initie en 1961 une fusion avec le PSP et le Directoire révolutionnaire, qui conduit à la fondation du Parti communiste de Cuba en 1965.

Paz, Ramón (1924-1958) – Membre du Mouvement du 26 juillet et commandant de l'Armée rebelle dans la colonne 1. Tué dans la bataille de Providencia, le 28 juillet 1958.

Pérez, Crescencio (1895-1986) – Membre d'une cellule du Mouvement du 26 juillet dans la Sierra Maestra avant le débarquement du *Granma*. Un des premiers paysans à se joindre à l'Armée rebelle, termine la guerre comme commandant de la colonne 7. Après le triomphe de la révolution, assume des responsabilités diverses dans les Forces armées révolutionnaires.

Pérez Jiménez, Marcos (1914-2001) – Dictateur militaire du Venezuela, de 1952 jusqu'à son renversement par une rébellion populaire en janvier 1958.

Période spéciale – Terme utilisé à Cuba pour décrire les conditions économiques sévères des années 1990 et le cours du gouvernement révolutionnaire pour y faire face. Avec la désintégration de l'URSS et la chute des régimes alliés de l'Europe centrale et de l'Est, Cuba perd 85 pour cent de son commerce étranger, ce qui conduit à une chute de sa production intérieure brute estimée à 35 pour cent. Les pénuries de denrées alimentaires et d'autres articles essentiels sont amplifiées par la crise capitaliste mondiale et l'intensification de la guerre économique des États-Unis. En 1996, les efforts des travailleurs, des agriculteurs et du gouvernement cubains commencent à relancer la production agricole et industrielle, bien que celle-ci reste bien inférieure aux niveaux d'avant 1990.

Pino Machado, Quíntin (1931-1986) – Membre du Mouvement du 26 juillet à Las Villas pendant la guerre révolutionnaire.

Après 1959, ambassadeur de Cuba au Nicaragua, 1959-1960, représentant à l'Organisation des États américains et sous-ministre de la Culture.

Plácido – Pseudonyme littéraire du poète Gabriel de la Concepción Valdés (1809-1844). Noir libre, arrêté par les autorités coloniales espagnoles qui l'accusent faussement d'être l'instigateur de la « conspiration de l'échelle » dans le but de susciter un soulèvement d'esclaves. Fusillé.

Playa Girón – Le 17 avril 1961, 1 500 mercenaires cubains, organisés, financés et déployés par Washington, envahissent Cuba à la baie des Cochons sur la côte sud de l'île. En moins de 72 heures, ils sont défaits par les milices, les forces armées et la police révolutionnaires de Cuba. Les derniers envahisseurs sont capturés à Playa Girón (Plage de Girón), le nom que les Cubains utilisent pour l'invasion et la bataille.

Portugal, révolution – En avril 1974, un coup militaire renverse la dictature fasciste délabrée de Marcelo Caetano au Portugal, ce qui déclenche un soulèvement populaire de masse connu sous le nom de « révolution des oeillets. » Le progrès des luttes pour l'indépendance des colonies africaines, particulièrement en Guinée-Bissau, et une opposition croissante au Portugal même aux efforts pour écraser les mouvements anticoloniaux, jouent un rôle central dans la chute du régime.

Quesada, Gonzalo de (1868-1915) – Secrétaire du Parti révolutionnaire cubain depuis sa fondation en 1892. Représentant à Washington de la République en armes pendant la guerre pour l'indépendance de 1895-1898. Aide par la suite à publier les oeuvres complètes de José Martí.

Ramos Latour, René (Daniel) (1932-1958) – Se joint au Mouvement du 26 juillet en 1955. Membre du premier détachement de renfort de l'Armée rebelle en mars 1957. Retourne à Santiago de Cuba pour aider à y diriger la lutte clandestine urbaine, devient chef d'action national du Mouvement du 26 juillet après la mort de Frank País en juillet 1957. Retourne à la Sierra Maestra en mai 1958, devient commandant d'une colonne. Tué au combat le 30 juillet 1958, à la fin de l'offensive de l'armée de Batista dans la Sierra Maestra.

Reeve, Henry (« El Inglesito ») (1850-1876) – Petit tambour dans l'armée de l'Union pendant la guerre civile américaine. Inspiré par la lutte des Cubains contre l'esclavage, se rend à Cuba et se joint aux forces indépendantistes en 1869. Devient colonel, puis commandant du détachement de Cienfuegos de l'armée indépendantiste. Mort au combat.

République en armes – Créée en avril 1869 à l'Assemblée de Guáimaro par les forces indépendantistes cubaines pour mener la guerre contre le colonialisme espagnol. Son premier président est Carlos Manuel de Céspedes. Décrète l'abolition de l'esclavage et du travail sous contrat.

Révolution de 1933 – Soulèvement révolutionnaire et grève générale qui renversent la dictature de Gerardo Machado en août 1933 et portent au pouvoir un régime pro-impérialiste dirigé par Carlos Manuel de Céspedes, fils de l'initiateur de la guerre d'indépendance de Cuba de 1868. Ce nouveau régime est renversé la même année par un coup d'État connu comme « la révolte des sergents » parce qu'il est effectué par des sous-officiers, étudiants et civils. Un gouvernement de coalition dit « des cent jours » est formé, qui comprend des dirigeants anti-impérialistes comme Antonio Guiteras. Décrète la journée de huit heures et abroge le « droit d'intervention » des États-Unis à Cuba (amendement Platt). Avec l'appui de l'ambassade des États-Unis, le chef d'état-major de l'armée, Fulgencio Batista, effectue le 14 janvier 1934 un deuxième coup d'État qui met fin au gouvernement révolutionnaire.

Rius Rivera, Juan (1848-1924) – Natif de Porto Rico, se joint à la guerre d'indépendance de Cuba en 1870. Avec la reprise de la guerre en 1895, cherche à organiser une expédition armée afin de lutter pour l'indépendance de Porto Rico. Lorsque le projet échoue, organise une expédition armée à Cuba et se joint à l'armée d'indépendance. Devient major général.

Rodríguez, René (1931-1990) – Membre du mouvement révolutionnaire dirigé par Fidel Castro en 1952-1953. Expéditionnaire du *Granma* en 1956. Combat dans la colonne 8 sous Che Guevara. Promu commandant en 1959. Dirige l'Institut cubain d'amitié avec les peuples (ICAP), 1977-1990. Membre du Comité central du Parti communiste de 1980 à sa mort.

Rodríguez Nodals, Adolfo (1945-2017) – Directeur de l'Institut de recherches fondamentales en agriculture tropicale (INIFAT). Chef du Groupe national de l'agriculture urbaine à Cuba.

Roloff, Carlos (1842-1907) – Né en Pologne, va aux États-Unis pendant la guerre civile pour se battre dans l'armée de l'Union. Se rend à Cuba en 1865, devient un combattant de l'armée pour l'indépendance de Cuba en 1868. En 1890, président du Parti révolutionnaire cubain à Tampa en Floride. Avec la reprise de la guerre en 1895, retourne à Cuba et devient major général dans l'Armée de libération.

Rosales del Toro, Ulises (1942-) – Se joint à l'Armée rebelle en 1957, sous les ordres de Juan Almeida. Participe à des missions internationalistes en Algérie et au Venezuela de 1963 à 1968, et en Angola en 1976. Membre du Comité central du Parti communiste depuis 1975 et du Bureau politique du parti en 1986-2011. Ministre du Sucre, 1997-2009 ; ministre de l'Agriculture, 2008-2010. Vice-président du Conseil des ministres. Général de division.

Salcines, Miguel (1950-) – Spécialiste de l'irrigation au ministère de l'Agriculture. En tant que responsable d'UBPC, développe des projets d'agriculture urbaine à Cuba et collabore à un projet au Venezuela.

Savimbi, Jonas (1934-2002) – Dirige une faction au sein du mouvement pour l'indépendance de l'Angola à partir de 1960. Dirigeant fondateur de l'UNITA en 1966. À partir de 1975, s'allie à Pretoria et Washington pour renverser le gouvernement dirigé par le MPLA. Après la défaite de l'intervention sud-africaine en 1988, poursuit la guerre contre Luanda. Tué au combat, ce qui conduit à un cessez-le-feu après 27 ans de guerre. *Voir aussi* UNITA.

Schueg, Víctor (1936-1998) – Se joint à l'Armée rebelle en 1958, sous les ordres de Raúl Castro. Missions internationalistes au Congo en 1965 et en Angola en 1975-1976, où il est chef de l'état-major de la mission militaire. Chef de l'Armée centrale, 1987-1988. Brigadier général dans les FAR. Membre suppléant du Comité central du Parti communiste, 1980-1986 ; membre titulaire, 1986-1991.

Sékou Touré, Ahmed (1922-1984) – Dirige la lutte pour l'indépendance de la France dans ce qui est aujourd'hui la Guinée-Conakry. Président du pays, de l'indépendance en 1958 jusqu'à sa mort.

Sumner Welles, Benjamin (1892-1962) – Secrétaire d'État adjoint des États-Unis envoyé comme ambassadeur à Cuba en 1933 par le Président Franklin Roosevelt afin d'organiser le remplacement du dictateur Gerardo Machado et de mettre un terme au soulèvement révolutionnaire. *Voir* Révolution de 1933.

SWAPO (Organisation du peuple du Sud-Ouest africain) – Créée en 1960, mène la lutte pour l'indépendance de la Namibie contre l'Afrique du Sud. Sam Nujoma en est le dirigeant fondateur. Combat aux côtés des forces cubaines et angolaises sur le front sud de l'Angola. Au pouvoir en Namibie depuis son indépendance en 1990.

Tchang Kaï-chek (1887-1975) – À partir de 1925, dirigeant du Parti (nationaliste) Kuomintang en Chine. Écrase dans le sang des travailleurs la deuxième révolution chinoise de 1925-1927. À partir de 1927, dirige la dictature qui sera renversée par la révolution chinoise de 1949. Par la suite, dictateur du régime soutenu par les États-Unis à Taïwan.

Tito, Josip Broz (1892-1980) – Chef du Parti communiste yougoslave à partir de 1939. Dirige le mouvement des partisans contre l'occupation nazie pendant la deuxième guerre mondiale. Premier ministre, puis président de la Yougoslavie de 1945 à 1980.

Tolón, José (Lai Wa) – Né en Chine, officier dans l'armée d'indépendance cubaine, combat dans les guerres de Cuba contre la domination coloniale espagnole. Atteint le rang de capitaine.

Torres, Félix (1917-2008) – Commande la colonne de guérilla du PSP à Yaguajay dans le nord de Las Villas ; collabore avec la colonne de l'Armée rebelle de Camilo Cienfuegos, fin 1958.

Trejo, Rafael (1910-1930) – Vice-président de l'Association des étudiants en droit à l'Université de La Havane. Tué par la police le 30 septembre 1930 pendant une manifestation contre la dictature de Machado.

Tribunaux d'urgence – Créés en juin 1934 sous le premier régime de Batista pour juger et emprisonner ses opposants. Abolis après le triomphe de la révolution.

UNITA (Union nationale pour l'indépendance totale de l'Angola) – Créée en 1966 pour combattre la domination portugaise et dirigée par Jonas Savimbi. En 1975, s'allie à l'Afrique du Sud de l'apartheid et à Washington pour renverser le gouvernement dirigé par le MPLA de l'Angola nouvellement indépendant. Livre une guerre de 27 ans contre Luanda. Signe un cessez-le-feu en 2002, après la mort au combat de Savimbi.

Valdés, Ramiro (1932-) – Chauffeur de camion et menuisier, participe à l'attaque de la Moncada en 1953. Condamné à dix ans de prison. Libéré en mai 1955 suite à la campagne d'amnistie. Expéditionnaire du *Granma*. Devient commandant en second de la colonne 4 de l'Armée rebelle dans la Sierra Maestra avant d'en devenir le commandant, puis commandant en second de la colonne 8 sous Che Guevara à Las Villas. Ministre de l'Intérieur, 1961-1968, 1979-1985. Membre du Comité central du Parti communiste depuis 1965 et du Bureau politique, 1965-1986. Un des trois combattants de la Sierra à porter le titre de Commandant de la Révolution. Vice-président du conseil des ministres.

Van Heerden, Neil (1939-) – Dirige le ministère des Affaires étrangères de l'Afrique du Sud dans les années 1980. Participe aux négociations avec Cuba et l'Angola sur la fin de la guerre. De 1996 à 2005, directeur exécutif d'une fondation représentant 60 des plus grandes entreprises du pays.

Villegas, Harry (Pombo) (1940-) – Se joint à l'Armée rebelle en 1957, fait partie de l'escorte de Che Guevara dans les colonnes 4 et 8. Accompagne Guevara au Congo en 1965 et ensuite en Bolivie en 1966-1967, où il est membre de l'état-major du mouvement de guérilla. Après la capture et la mort de Guevara en octobre 1967, dirige le groupe des six survivants qui échappent à l'encerclement de l'armée bolivienne. Revient à Cuba en mars 1968. Effectue trois missions en Angola dans les années 1970 et 1980. Général de brigade (retraité) dans les Forces armées révolutionnaires ; membre du Comité central du Parti communiste, 1997-2011. Vice-président exécutif de l'Association des combattants de la révolution cubaine, 1999-2012. Héros de la République de Cuba.

Wang Gungwu (1930-) – Historien et président fondateur en 1992 de la Société internationale pour l'étude des Chinois d'outre-mer. A beaucoup écrit sur la diaspora chinoise. Professeur à l'Université nationale de Singapour et président de son Institut de l'Asie de l'Est.

Wang, Ling-chi (1938-) – Un dirigeant fondateur de la Société internationale pour l'étude des Chinois d'outre-mer en 1992. À la fin des années 1960, aide à diriger la lutte étudiante qui obtient la création des études asiatiques américaines à l'Université de la Californie à Berkeley et sur d'autres campus. Pendant de nombreuses années, président du département des Études ethniques à UC Berkeley.

Wong, José (Huan Taobai, vers 1898-1930) – Révolutionnaire de Canton en Chine, venu à Cuba au début des années 1920. En 1927, un dirigeant fondateur de l'Alliance révolutionnaire pour la protection des travailleurs et paysans chinois à Cuba. Adhère au Parti communiste de Cuba et crée le journal de langue chinoise *Gunnun Hushen* (Appel ouvrier et paysan), dont il est le directeur. Arrêté en mai 1930 et emprisonné avec d'autres dirigeants du Parti communiste à la prison Principe de La Havane. Trois mois plus tard, étranglé à mort dans une cellule de la prison par des agents de la dictature de Machado.

Yougoslavie, guerre menée par les États-Unis – À la fin d'une décennie d'attaques militaires contre la Yougoslavie, Washington et ses alliés de l'OTAN se livrent en 1999 à 80 jours de bombardements de la Serbie et du Kosova, tuant et blessant des milliers de personnes et dévastant usines et infrastructure. Cherchant à renverser les acquis de la révolution yougoslave de 1945, les impérialistes se servent des guerres menées par des couches bureaucratiques rivales en Serbie, Croatie et d'autres régions. L'occupation et le démembrement du pays renforce la domination de Washington en Europe et mène à une nouvelle expansion de l'OTAN vers l'est, rapprochant la puissance militaire US des frontières de la Russie.

Index

Abreu, Gerardo (Fontán), 41, 65, 68-70, 203

Acción Cívica Constitucional (Action civique constitutionnelle), 49

Acevedo, Enrique, 120, 203

Afrique
commerce des esclaves, 25, 81-82
Cuito Cuanavale, étape majeure pour, 108, 110-112, 126
exploitation impérialiste, 126, 128-132
impact de Cuba, 109-110, 113-114, 125-126, 183
Voir aussi Afrique du Sud ; Angola ; Éthiopie ; Guinée-Bissau ; São Tomé-et-Príncipe

Afrique du Sud
chute de l'apartheid, 110-112, 126
Cuito Cuanavale, 106-108, 110-112, 126
guerre d'Angola, 105-108, 110-112, 115, 117-122
impact de l'Angola, 106-108, 110-112, 125-126
Voir aussi Namibie, indépendance

Agramonte, Ignacio, 86-87, 203

Agriculteurs et paysans, 152, 155-156, 163-164, 167-168
révolution cubaine et, 77, 163-164, 181

Agriculture
biologique, 161
marchés, 155-156, 166-168
révolution cubaine et, 151-153, 163-165
Voir aussi Agriculture urbaine

Agriculture urbaine
à Cuba, 151, 157-168
organoponique, origine du terme, 157
au Venezuela, 27, 42, 186-188, 190

ALBA (Alternative bolivarienne pour les Amériques), 182

Aldana, Carlos, 122, 203

Algérie, 109

Allemagne, 171

Almeida, Juan, 37, 59, 69, 78, 113, 203-204

Amérique latine, 96, 172
Chinois, 90, 101-102
conditions sociales, 129-130, 191-193
intégration, 179, 182

Andropov, Iouri, 114

Angleterre, 79, 81

Angola
    Afrique du Sud et, 105-108,
        110-113, 115, 117-122
    armée, 106, 110-111
    exploitation impérialiste,
        126-132
    impérialisme US et, 105,
        117-118
    négociations, 108, 110-112,
        119-122, 126
    victimes de la guerre en, 106
    Voir aussi Cuito Cuanavale,
        bataille
Angola, mission cubaine, 27, 192,
    197
    caractère volontaire, 110, 197
    direction de Fidel Castro, 110,
        114-115, 118-119, 124-125
    forces aériennes, 106, 111-113
    logistique, 113-115, 119-120,
        122-124
    objectifs stratégiques, 111-112,
        117-119
    pendant l'étape de 1975-1976,
        105-106
    pertes cubaines, 106, 126
    sa place historique, 110-112,
        125-126
    populaire à Cuba, 124-125
    poste de commandement à
        Cuba, 38, 113-115
    a renforcé la révolution
        cubaine, 126-129, 130-133
    renforcement, 110-113
    taille et durée, 105, 110
    Union soviétique et, 106, 114-
        115, 118-119, 123
    et UNITA, 117-118
    Voir aussi Choy, Armando ;
        Chui, Gustavo ; Sío Wong,
        Moisés
Apartheid. *Voir* Afrique du Sud

Argentine, 13, 26, 102, 193
Armée des jeunes du travail
    (EJT), 167, 204
Armée rebelle, 69
    colonne 1, 41, 68, 71
    colonne 3, 37, 60
    colonne 8, 33, 41, 53-55
    composition de classe, 77
    dans Las Villas, 33, 53-55,
        74-76
    marche vers l'ouest (1958), 41,
        54, 72-74
    réserves, 145-146
    résiste à l'offensive de 1958, 60,
        71-72
Armes nucléaires, 119
Assemblée nationale du pouvoir
    populaire, 178
Association de l'amitié Cuba-
    Chine, 42, 100-101
Association des combattants de
    la révolution cubaine, 28, 39,
    113, 199-200, 204
Aúcar Jiménez, Antonio, 52

Baie de La Havane, 28, 169-174
    Voir aussi Port de La Havane
Baie des Cochons. *Voir* Playa
    Girón
Barrages et réservoirs, 143, 153
Barredo, Lázaro, 85, 204
Barrio Adentro, 183-186, 190
Baseball, 156
Bastión 2004, manoeuvres, 137
Bataille des idées, 166, 195-201
    et missions internationalistes,
        126-133, 192, 201
    Voir aussi Jeunes, éducation
        politique
Batista, Fulgencio, 14, 55, 71, 75-76,
    93, 204
    coup d'État (1952), 49, 59, 64,
        69, 204

Belgique, 171
Bénin, 109
Bicyclettes, 155
Bolivar, Simón, 179, 182, 184, 205
Bolivie, 24, 129, 193
Bordón, Víctor, 33, 53, 55, 73-74, 205
Brejnev, Léonid, 136
Brésil, 13, 26, 102
Bu, José, 21, 87, 205

Cabaiguán, bataille, 76
Cabral, Amilcar, 125, 205
Camagüey, 74, 90, 124, 143, 152, 203, 208
Campagnes d'alphabétisation
    Cuba, 183-184
    Venezuela, 183-185
Canada, 26, 101-102
Capitalisme, 133, 151-152, 175, 192-193, 195, 200-201
    et environnement, 175-178
Cap-Vert, 34, 130
    aide cubaine, 34, 130
Caracas
    agriculture urbaine, 186-188
    quartiers ouvriers, 179-183, 190-193
Caravane de la liberté (1959), 61
Carreras, Jésus, 74, 205
Carrión Ramírez, Miriam, 187, 205
Castillo, Bárbara, 85, 206
Castro, Fidel, 64-65, 97, 134, 153, 165, 182, 196-197, 206
    sur Angola, 111-112
    attention aux cadres, 68-70, 116
    autosuffisance alimentaire, 154
    et Chui, 113-116
    crise de l'électricité, 141-142

Castro, Fidel (suite)
    direction de la mission en
        Angola, 38, 110-115, 118-119, 124-125
    dirige la défense de Cuba, 137, 139-140
    environnement, 141-142
    dans la lutte révolutionnaire, 49-50, 61, 66-68, 70-73, 145
    période spéciale, 169, 176-177
    qualités de direction, 69-72, 78, 113-116, 124-125, 197-198
    et réserves, 139-140, 145-147
    et Sío Wong, 66-68, 71, 84-85, 145-146, 193
Castro, Raúl, 20, 145-146, 206-207
    agriculture urbaine, 157, 162
    Angola, 38, 115-116, 127-128
    commandant de l'Armée
        rebelle, 69
    « parapluie » soviétique, 136
    qualités de direction, 78, 113, 115-117
    et Sío Wong, 42, 78, 193
Centrales nucléaires, 141
Chavez, Hugo, 179-182, 207
    internationalistes cubains, 182-183, 188-189, 192
    soutien populaire, 190-191, 193
Chen Xiulian, Kagita, 14
Chibás, Eduardo, 46, 207
Chine, 12, 17-19, 165
    pillage impérialiste, 79-83, 91
    relations avec Cuba, 96, 100-101, 144, 155
    République populaire de, 96, 159, 198
Chinois à Cuba
    discrimination envers, 13, 25, 49, 91-95, 102, 200
    divisions de classe, 46, 62-63, 94-96

Chinois à Cuba (*suite*)
dans les guerres
d'indépendance, 13, 25,
84-88, 192
immigration, 12, 91
marchands, 48, 57, 61, 88-90, 94
mariages mixtes, 12, 90-91
et mesures rendues possibles
par la révolution socialiste,
13-14, 25-26, 96-98, 100-102
noms de famille, 84-85
polarisation après 1959, 96
répartition géographique, 45-48,
55-56, 61-62, 88-90
situation actuelle, 13, 100
travailleurs sous contrat, 12,
25, 82-84, 87-88
Chinois, immigrants, 12-13, 25-26,
88-91, 100-102
Chômage, 162-163
Chomón, Fauré, 73, 207-208
Choy, Armando, 11, 15, 20-22,
23-25, 33-35
ambassadeur au Cap-Vert, 27,
34, 120, 125, 130
Angola, 27, 34, 119-122
Armée rebelle, 14, 33, 53-55
assainissement de la baie de
La Havane, 33, 49-55
enfance et jeunesse, 33, 45-49,
200
Mouvement du 26 juillet, 33,
49-55
origine chinoise, 46-49, 53,
55, 94
port de La Havane, 28, 174-175
Chua, Linette, 14
Chui, Gustavo, 11, 15, 20-21, 23-25,
37-39
Angola, 27, 38-39, 113-116
Armée rebelle, 14, 37, 59-60

Chui, Gustavo (*suite*)
Association des combattants
de la révolution cubaine,
28, 39, 113, 199-200
autres missions
internationalistes, 26-27,
38, 114
enfance et jeunesse, 55-58, 200
Fidel Castro, 113-116
Mouvement du 26 juillet, 37, 59
spécialiste de l'armement,
37-38, 113
Chung Wah, casino, 96, 101
Cienfuegos, 48, 52-53, 141
Cienfuegos, Camillo, 55, 72, 208
Cinq Cubains, 132, 200
Cintra Frías, Leopoldo, 97, 115,
121-122, 208-209
CITMA (ministère de la Science,
de la Technologie et de
l'Environnement), 173
Colomé, Abelardo, 97, 209
Compagnie cubaine d'électricité,
151
Compagnie sucrière atlantique
du Golfe, 151
Congo, 24
Congrès national africain (ANC),
121
Conseils populaires, 174
Constitutions cubaines, 87, 178
Coopératives de crédit et de
service, 163
Crise « des missiles ». *Voir* Crise
d'octobre
Crise d'octobre (1962), 133-134,
139, 209
Cuevas, Andrés, 71, 210
Cuito Cuanavale, bataille, 106,
110-114, 126
avancée vers le sud, 106
défaite de l'Afrique du Sud,
106-108, 110, 112, 126

Cuito Cuanavale, bataille (*suite*)
ouvre la voie aux négociations,
108, 110, 112, 126
signification historique, 27,
108, 110, 125-126
Voir aussi Angola ; Angola,
mission cubaine

DAAFAR (Défense anti-
aérienne et Force aérienne
révolutionnaire), 34, 41-42,
119-120
Defoe, Daniel, 184
Deuxième front national de
l'Escambray, 53-54, 73-75, 210
Díaz Argüelles, Raúl, 38, 113, 115,
210
Díaz Guadarrama, David, 52
Diez Acosta, Tomás, 52
Diouf, Jacques, 186-187
Directoire révolutionnaire, 53,
73-75, 210-211
Dollar US à Cuba, 155-157, 198
Dreke, Víctor, 52, 211
DuPonts, 151

Echeverría, José Antonio, 64
Editora Política (Cuba), 12
Éducation, 93, 110, 130
bataille des idées, 165-166, 195,
198, 200-201
garantie sous le socialisme,
155, 198
au Venezuela, 180, 184-185
Électricité, 153, 160
crise, 140-142
El Jigüe, bataille (1958), 71
Eltsine, Boris, 141
Environnement
agriculture urbaine, 160-161,
163-165
assainissement de la baie de
La Havane, 171-174

Environnement (*suite*)
sous le capitalisme, 170, 175
point de vue socialiste, 176-178
Équateur, 129, 193
Escambray, 34
pendant la guerre
révolutionnaire, 33, 53-54,
73-76
De l'Escambray au Congo (Dreke),
24
Esclavage à Cuba, 12, 25, 81, 83,
211-212
Espagne, 81-82, 88
Voir aussi Guerres
d'indépendance de Cuba
Espín, Vilma, 157, 212
Espinosa, Ramón, 97, 212
États-Unis, 81
Chinois aux, 12, 25, 83-84,
96-97
désastres naturels, 28, 148
immigration vers, 190
influence culturelle, 196-197
mouvement contre la guerre
du Vietnam, 138-139
Éthiopie, 27, 38, 109, 114, 192
Étudiants, 197-199
dans la lutte contre Batista,
51-52, 64

Faire l'histoire, 76, 134, 136
FAPLA. *Voir* Angola, armée
Femmes, 98, 102, 162
dans l'immigration chinoise,
90-91
Fernández Armas, José Ignacio, 14
FNLA (Front national de
libération de l'Angola), 105
Foire du livre internationale de
La Havane, 11, 24
Fomento, 45-49, 75
Fong, Antonio, 59

Forces armées révolutionnaires,
    33-34, 37-38, 113
  armée prolétarienne, 117
  direction, 116-117
  préparation à la défense, 133-
    134, 137-139
  ses réserves, 135
  Voir aussi Angola, mission
    cubaine ; Armée rebelle
France, 81, 144

García, Eduardo « Bayoya », 81,
    144
García, Guillermo, 60, 212-213
Garrido, 52
Gómez, Máximo, 85-87, 109,
    213
González, Edelberto, 54
González, Fernando, 208
  Voir aussi Cinq Cubains
González, René, 208
  Voir aussi Cinq Cubains
González, Sergio (El Curita), 69,
    213
Grenade, 110, 135
Grève générale du 9 avril, 33,
    51-52, 213
Groupe de travail de l'État
    pour l'assainissement,
    la conservation et le
    développement de la baie de
    La Havane et de son bassin
    hydrographique (GTE-BH),
    171, 177
Guerre de tout le peuple, 136
Guerrero, Antonio, 208
  Voir aussi Cinq Cubains
Guerres d'indépendance de
    Cuba, 84, 200, 213
  Chinois, 13, 25, 84-88, 192
  combattants internationalistes,
    87, 109, 192
  République en armes, 84, 223

Guerres de l'opium, 79
Guevara, Ernesto Che, 213-214
  Armée rebelle, 33, 37, 53-55, 72,
    74-76
  qualités de direction, 73-78,
    116
  et Sío Wong, 41, 74-78, 193
Guinée équatoriale, 109
Guinée, République de, 109
Guinée-Bissau, 109, 113, 125
Güinía de Miranda, bataille, 75
Guyana, 110

Haïti, 82, 183, 214
Helms-Burton, loi, 143
Hernández, colonel, 86-87
Hernández, Gerardo, 208
  Voir aussi Cinq Cubains
Herrera, Osvaldo, 49, 214
Holguín, 141-143
Hung, Arsenio, 57-58

ICAP (Institut cubain d'amitié
    avec les peuples), 147
Immigrants chinois, stéréotypes
    sur, 18-20
Impérialisme US, 14, 95-96, 130
  et Angola, 105, 117-118
  attaques et menaces contre
    Cuba, 26, 133-135, 138-139,
    143-144, 189-190, 200
  guerres contre la Yougoslavie
    et l'Irak, 137-138
  puissance militaire, 26, 115, 124
  et Venezuela, 189
Institut national des réserves
    d'État. *Voir* Réserves, Institut
    national des réserves d'État
Irak, 137-138
Italie, 171

Japon, 171-173
Jeunes, 162, 183-184

Jeunes (*suite*)
  aliénation parmi, 197
  éducation politique, 130-133,
    192, 195, 198-201
  dans la lutte contre Batista,
    49-50, 59, 64-66
Jordan, Thomas, 109, 215
Joven Patria (Jeune patrie), 33, 49
Juraguá, centrale nucléaire, 141

Kennedy, John F., 134, 209
Khrouchtchev, Nikita, 209
Kit Yi Tong, 90
Kuomintang, 62, 95-96, 215

« La belle Havane » (chanson), 17
La Havane, 57-58, 62-64, 76-77,
    84, 94, 144, 155
  agriculture urbaine, 158, 162,
    165-166
  infrastructure, 170-171
  lutte contre Batista, 64-65,
    68-71
  quartier chinois, 56, 88-90,
    98-101
Labañino, Ramón, 208
  Voir aussi Cinq Cubains
Las Guásimas, bataille, 85
Las Villas, 45-48
  pendant la guerre
    révolutionnaire, 33, 41,
    51-55, 73-76
Lazo, Esteban, 85, 215
Leal, Eusebio, 101
Légumes
  et alimentation à Cuba,
    165-166
  importation à Cuba, 154, 157
  Voir aussi Agriculture urbaine
Leyva, Enio, 65, 216
Li Langqing, 101
López Cuba, Néstor, 76, 136,
    157-158, 216

López, Enrique, 59
López, Ñico, 65, 216
Luyanó, rivière, 172

Maceo, Antonio, 216-217
Machado, Gerardo, 98, 133, 217
Maison d'édition de la propriété
  intellectuelle, 12
Malaysie, 144
Mambises, 85-86, 217
Mandela, Nelson, 126, 217
  Cuito Cuanavale, 108, 110
  solidarité de Cuba, 131-132
Marcano, Luis, 109, 217
March, Aleida, 52, 217
Marianas au combat (Puebla), 24
Márquez, Juan Manuel, 65, 217
Martí, José, 158, 182, 195, 218
Martínez Gil, Pascual, 97, 218
Martínez Hierrezuelo, Miguel
  Mariano, 59, 218
Martínez Valladares, Héctor,
  51-52
Marx, Karl, 129
Massetti, Jorge Ricardo, 77, 218
Mella, Julio Antonio, 98, 218
Milices nationales
  révolutionnaires, 98, 136
  Voir aussi Milices des troupes
    territoriales
Milices des troupes territoriales,
  122, 136, 218-219
Minas del Frío, écoles de recrues,
  72-73
Mines antipersonnel, 136
Ministère des Investissements
  étrangers et de la
  Coopération, 147
Mission Ribas, 185
Mission Robinson, 184, 186
Mission Sucre, 185

Missions internationalistes,
    108-110, 113-114, 125-126,
    132-133, 191-192
    dette à l'humanité, 192
    impact sur les Cubains, 125-133,
        192-193, 200-201
    renforcent la révolution, 126-134
    Voir aussi Angola, mission
        cubaine ; Venezuela
Moncada, attaque (1953), 49-50,
    64-65, 219
Moracén, Rafael, 97, 219
Morejón, 52
Morgan, famille, 151
Mouvement du 26 juillet, 33, 37,
    50-51, 55, 219
    Brigades de jeunesse, 41, 65, 69
    dans Las Villas, 53, 73
Mozambique, 27, 38, 114, 125

Namibie, 121-122
    indépendance, 108, 126
    Voir aussi Afrique du Sud,
        impact de l'Angola
New York Times, 122-124
Nicaragua, 135
    mission cubaine, 27, 38, 110,
        114, 192, 197
Nickel, 169, 198
Noirs, 176
    discrimination envers, 25, 93-
        94, 102
    révolution cubaine et, 25, 97-98,
        102
Notre histoire s'écrit toujours, 11-15,
    20-22
    présentations autour du
        monde, 11
Nouvelle-Zélande, 18-19, 144

*Octobre 1962 : la crise « des
    missiles » vue de Cuba* (Tomás
    Diez), 24

Oman, 109
Opération Carlota, 105, 113
    Voir aussi Angola, mission
        cubaine
Opération Miracle, 186
Organisation authentique, 220
Organisation des Nations Unies
    pour l'alimentation et
    l'agriculture (FOA), 163, 165,
    186-187
Organoponiques, jardins. *Voir*
    Agriculture urbaine
Ouragans, 28, 147-148

PAIGC (Parti africain pour
    l'indépendance de la Guinée
    et du Cap-Vert), 125
País, Frank, 50, 220
Paladares, 156
Pardo Guerra, Ramón, 220
Parti authentique, 73
Parti communiste de Cuba, 35,
    39, 42, 158, 174
    Angola, 110
Parti nationaliste de Chine. *Voir*
    Kuomintang
Parti orthodoxe, 46, 64-65
Parti socialiste populaire (PSP),
    73, 75, 220-221
Paz, Ramón, 71, 221
PDVSA (Petróleos de Venezuela,
    S. A.), 180-182, 185
Pedrero, pacte, 75
Pérez, Ana Luisa, 157
Pérez, Crescensio, 68, 221
Pérez Jiménez, Marcos, 180, 221
Période spéciale, 141, 143
    agriculture urbaine, 151, 158-
        159, 162-163
    assainissement de la baie
        de La Havane, 169-171,
        176-177

Période spéciale (*suite*)
  explication, 154-157, 221
  Fidel Castro sur, 169, 175
  réserves, 146-148
Pérou, 13, 26, 102, 193
Pétrole, 129
  à Cuba, 139-142, 148, 154-155
  de l'Union soviétique, 153, 155
  du Venezuela, 179-182
Piñeiro, Benigno, 49
Pino Machado, Quintin, 50,
  221-222
Plácido, 82, 222
Playa Girón (baie des Cochons)
  (1961), 34, 98, 196, 200, 222
Pollution
  agriculture, 161, 163
  baie de La Havane, 28, 171-174
Port de La Havane, 28, 35, 169-170,
  174-176
Portugal, 81
  révolution de 1974-1975, 125,
  222
Poutine, Vladimir, 141

Quesada, Gonzalo de, 84, 222
Quevedo, José, 71

Ramos Latour, René, 72, 222-223
Reagan, Ronald, 136
Reeve, Henry, 109, 223
Réforme agraire, 151-153, 181
Réserves
  et désastres naturels, 28,
  147-148
  essentielles à la défense, 28,
  135-140
  Fidel Castro sur, 139-140
  et période spéciale, 146-147
  dans la Sierra Maestra, 145-146
Réserves, Institut national des
  réserves d'État, 28, 135,
  146-147

Réserves, Institut national des
  réserves d'État (*suite*)
  son jardin organoponique,
  157-161, 166
Révoltes d'esclaves, 81-82, 105
Révolution cubaine de 1933, 64,
  223
Ribas, José Félix, 185
Rio de Janeiro, 191
Rius Rivera, Juan, 87, 109,
  223-224
Rivaflecha, Idelgarde, 60
Robinson Crusoé (Daniel Defoe),
  184
Rockefellers, 151
Rodríguez, René, 65, 68, 224
Rodríguez, Simon, 184
Rodríguez Nodals, Adolfo, 187,
  224
Roloff, Carlos, 87, 109, 224
Roosevelt, Franklin Delano, 95
Rosales del Toro, Ulises, 154, 224

Sal, île, 120-123
Salaires, 159-160, 162, 176
Salcines, Miguel, 187, 224
Sánchez, Celia, 145
Santa Clara, 48-52, 94
  bataille (1958), 55, 76
Santiago de Cuba, 57, 60, 158
  communauté chinoise, 55-56
São Tomé-et-Príncipe, 109, 125
Savimbi, Jonas, 117-118, 225
  Voir aussi UNITA
Sécheresse, 142-143
Sékou Touré, Ahmed, 109, 225
Shueg, Víctor, 97, 225
Sierra Leone, 109
Sío Wong, Moisés, 11, 13-15, 20-26,
  41-42
  en Angola, 26-27, 42, 122-124,
  197

Sío Wong, Moisés (*suite*)
Armée rebelle, 13, 41, 66-78,
145-146
et Association de l'amitié
Cuba-Chine, 27, 42, 100
et Che Guevara, 41, 74-78, 193
enfance et jeunesse, 41, 61-65,
144, 200
et Fidel Castro, 66-68, 71, 84-85,
145-146, 193
mesures contre la
discrimination et
révolution socialiste, 13,
25-26, 97-98, 101-102
mission clandestine à La
Havane, 68-71
Mouvement du 26 juillet, 41,
64-66
origine chinoise, 61-62, 67,
101-102
programme d'agriculture
urbaine, 42, 151, 158-159,
186-188, 190-191
et Raúl Castro, 42, 78, 116-117
réserves d'État, 28, 42, 135,
145-146
au Venezuela, 27, 42, 179, 193
Socialisme, 13-14, 110, 123, 197,
201
et besoins humains, 155,
198-199
élimine la discrimination, 13,
25-26, 97-98, 102
et environnement, 177-178
préjugés contre, 196
priorise les êtres humains, 155,
161, 163, 177-178
Soins de santé, 93, 130
garantis, 155, 198
Voir aussi Venezuela, aide de
Cuba
Sol de México, El, 136

Somalie, 109
Sucre, Antonio José de, 185
Sucre, industrie, 151-153, 169
et Chinois à Cuba, 81, 83, 90
et relations commerciales avec
URSS, 153-155
SWAPO (Organisation du
peuple du Sud-Ouest
africain), 121, 225
Syrie, 109

Tabac, 198
Taïwan, 82, 95-96
Talaye Porsoo, maison d'édition
(Iran), 12
Tchang Kaï-chek, 62, 95, 225-226
Tchernenko, Konstantin, 114
Tito, Josip Broz, 138, 226
Tolón, José (Lai Wa), 21, 87, 226
Topados, 167-168
Torres, Félix, 73, 226
Torricelli, loi, 143
Tourisme, 156, 197-198
Tracteurs, 153, 159
Transport, crise, 154-155
Travailleurs
agricoles, 159-163
indépendants, 156
dans la lutte contre Batista,
51-52, 64-66
manutentionnaires, 175-176
révolution cubaine, un
exemple pour, 26
et révolution socialiste, 163,
180-181
Travailleurs agricoles, 159-163
Trejo, Rafael, 98, 226
Tribunaux révolutionnaires, 34
Tribunaux d'urgence, 50, 226

UBPC (Unité de base de
production coopérative), 160,
164

Union des jeunes communistes (UJC), 174
Union soviétique, 114-115, 123
  et Angola, 106, 114-115, 118-120, 123
  chute, 141, 146, 154, 221
  pas de « parapluie nucléaire » pour Cuba, 136
  relations commerciales avec Cuba, 140-141, 153-155
UNITA (Union nationale pour l'indépendance totale de l'Angola), 105-106, 117-118, 131, 225-226
United Fruit Company, 151
Université de La Havane, 64, 101

Valdés, Ramiro, 115, 226-227
Valladares, Pepe, 98
Van Heerden, Neil, 121-122, 227
Venezuela, 160
  conditions sociales, 180-181
  opposition capitaliste, 180-181, 188-189
  dans la politique mondiale, 182
  programmes d'éducation, 183-185
  programmes de santé, 182-183, 185-186
  richesse pétrolière, 179 182

Venezuela (suite)
  soutien à Chavez, 190-193
  travailleurs et paysans, 181, 192
  Vargas, désastre, 182
Venezuela, aide de Cuba, 110, 179, 191-192
  agriculture urbaine, 27, 42, 186-188, 190-191
  alphabétisation, 183-185
  instructeurs sportifs, 179, 186
  médecins, 179, 182-186, 188-192
Vietnam, 138-139, 144
Villegas, Harry (Pombo), 23-24, 227

Wang Gungwu, 101, 215, 227
Wang, Ling-chi, 101, 215, 228
Wang Lusha, 13-14, 17-22
Wanton, Lidia, 59
Waters, Mary-Alice, 18
Welles, Sumner, 95
Wong, José, brigade, 21, 98, 228
Wong, Rafael, 57
Wyatt Earp (film), 83

Yémen, 109
Yougoslavie, 137-138

Zaïre, 105, 115, 118, 131
Zone de libre-échange des Amériques (ZLÉA), 182

À paraître

Tribuns du peuple et syndicats

KARL MARX

VLADIMIR I. LÉNINE

LÉON TROTSKY

FARRELL DOBBS

JACK BARNES

« Notre idéal ne devrait pas être le secrétaire syndical, mais le tribun du peuple, capable de réagir à chaque manifestation de tyrannie et d'oppression. »
Vladimir I. Lénine, 1902

« Léon Trotsky était profondément soucieux de la mobilisation révolutionnaire de la classe ouvrière ; il suivait avec attention les questions de stratégie et de tactique dans les syndicats. »
Farrell Dobbs, 1969

« Avec une direction révolutionnaire, les syndicats peuvent conduire les travailleurs et leurs alliés dans les villes, grandes et petites, et à la campagne — agriculteurs, petits producteurs, commerçants, chauffeurs et autres propriétaires-exploitants — à l'indépendance politique vis-à-vis de la classe dirigeante. »
Jack Barnes, 2018

Le tribun du peuple utilise toute manifestation de l'oppression capitaliste pour expliquer pourquoi les travailleurs et nos alliés, dans le feu des luttes, peuvent poser et poseront les fondements d'un monde qui s'appuiera non pas sur la violence et la concurrence mais sur la solidarité entre les travailleurs du monde entier. 12 $ US. Aussi en anglais et en espagnol.

LA RÉVOLUTION SOCIALISTE À CUBA

Les Première et Deuxième Déclarations de La Havane

Manifestes de la lutte révolutionnaire dans les Amériques adoptés par le peuple de Cuba

Deux documents adoptés par des assemblées de millions de Cubains en 1960 et 1962. Ces mises en accusation sans compromis du pillage impérialiste et de « l'exploitation de l'homme par l'homme » continuent de servir de manifestes de la lutte révolutionnaire des travailleurs dans le monde entier. 10 $ US. Aussi en anglais, espagnol, farsi, arabe et grec.

Le socialisme et l'homme à Cuba

ERNESTO CHE GUEVARA, FIDEL CASTRO

« L'homme atteint réellement sa pleine condition humaine lorsqu'il produit sans la contrainte de la nécessité physique de se vendre comme marchandise, » explique Che Guevara dans le mieux connu de ses écrits. Contient aussi le discours prononcé à l'occasion du vingtième anniversaire de la mort de Guevara par Fidel Castro. 5 $ US. Aussi en anglais, espagnol, farsi et grec.

Cuba et la révolution américaine à venir

JACK BARNES

Un livre sur les luttes des travailleurs dans le coeur impérialiste, sur les jeunes que celles-ci attirent et sur l'exemple donné par le peuple cubain que la révolution est non seulement nécessaire, mais qu'on peut la faire. Ce livre porte sur la lutte de classe aux États-Unis, où les capacités politiques et le potentiel révolutionnaire des travailleurs et des agriculteurs sont aujourd'hui aussi totalement ignorés par les puissances dirigeantes que ceux des travailleurs et paysans cubains. Et tout aussi à tort. 10 $ US. Aussi en anglais, espagnol et farsi.

À LIRE AUSSI

Le bilan anti-ouvrier des Clinton

Pourquoi Washington craint les travailleurs

JACK BARNES

L'auteur décrit le cours que poursuivent aussi bien les démocrates que les républicains, tous motivés par les profits, ainsi que l'éveil politique des travailleurs qui cherchent à comprendre et résister à ces attaques. 10 $ US. Aussi en anglais, espagnol, farsi et grec.

Sont-ils riches parce qu'ils sont intelligents ?

Classe, privilège et apprentissage sous le capitalisme

JACK BARNES

L'auteur met en pièce les faux-fuyants auxquels font appel les couches de professionnels bien payés pour justifier leurs privilèges et selon lesquels leur intelligence et leurs diplômes les rendent compétents pour « réglementer » la vie des travailleurs. Comprend aussi « Le capitalisme, la classe ouvrière et la transformation de l'apprentissage. » 10 $ US. Aussi en anglais, espagnol et farsi.

Une révolution socialiste est-elle possible aux États-Unis ?

Un débat nécessaire entre travailleurs

MARY-ALICE WATERS

Un « oui » sans hésitation, telle est la réponse donnée ici. Possible mais pas inévitable. Ça dépend de ce que *font* les travailleurs. 7 $ US. Aussi en anglais, espagnol et farsi.

Le désordre mondial du capitalisme

La politique ouvrière au millénaire

JACK BARNES

La dévastation sociale et les paniques financières, le durcissement de la politique, la brutalité policière et les agressions impérialistes, aucune de ces réalités n'est le produit de quelque chose qui s'est détraqué dans le capitalisme, mais bien des lois qui régissent son fonctionnement. Ce qui peut changer l'avenir, c'est la lutte unitaire des travailleurs et des agriculteurs conscients de leur capacité de mener des batailles révolutionnaires pour le pouvoir d'État et de transformer le monde. 20 $ US. Aussi en anglais et en espagnol.

« Ce sont les pauvres qui font face à la sauvagerie du système de « justice » US »

Les Cinq Cubains parlent de leur vie au sein de la classe ouvrière aux États-Unis

Police, tribunaux, prison, libération conditionnelle : le système de « justice » US fonctionne comme « une énorme machine à broyer les gens. » Victimes d'un coup monté du gouvernement US et incarcérés pendant 16 ans aux États-Unis, cinq révolutionnaires cubains expliquent la dévastation humaine engendrée par la « justice » capitaliste. Ils expliquent en quoi Cuba socialiste est différente. 10 $ US. En anglais, espagnol, farsi et grec.

Voix depuis la prison

LES CINQ CUBAINS

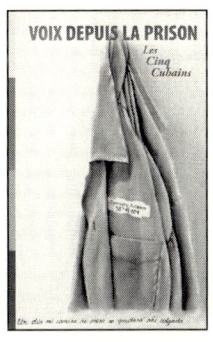

L'intégrité, la force et l'humanité révolutionnaires des Cinq ressortent des voix entendues ici, et avant tout le respect qu'ils ont gagné auprès des autres prisonniers. Ce livre illustre pourquoi la même chose se produit parmi tous les travailleurs qui ont subi dans leur propre vie les effets de la « justice » capitaliste. 7 $ US. Aussi en anglais, espagnol, arabe et farsi.

Malcolm X, la libération des Noirs et la voie vers le pouvoir ouvrier

JACK BARNES

La conquête du pouvoir par la classe ouvrière rendra possible la bataille finale contre l'exploitation de classe et l'oppression raciste. Elle ouvrira la voie vers un monde basé sur la solidarité humaine. Un monde socialiste. 20 $ US. Aussi en anglais, espagnol, farsi, arabe et grec.

La série Teamster

FARRELL DOBBS

Des grèves de 1934, qui ont obtenu la reconnaissance du syndicat, à la lutte des travailleurs ayant une conscience de classe pour s'opposer à l'entrée de Washington dans la deuxième guerre mondiale. Quatre tomes, 16 $ US chacun. En anglais et en espagnol. Le premier tome existe en français.

En défense de la classe ouvrière américaine

MARY-ALICE WATERS

Un géant a commencé à bouger. Hillary Clinton les appelle les « déplorables » vivant dans des régions « arriérées » des États-Unis. Mais en 2018, des dizaines de milliers d'enseignants et d'employés des écoles ont mené des grèves victorieuses. En Floride, les travailleurs ont obtenu le rétablissement du droit de vote pour les anciens prisonniers. En agissant ainsi, ils ont puisé dans les meilleures traditions de lutte de travailleurs de toute couleur de peau et de toute origine nationale. 7 $ US. Aussi en anglais, espagnol et farsi.

CONSTRUIRE UN PARTI PROLÉTARIEN

Le visage changeant de la politique aux États-Unis
La politique ouvrière et les syndicats

JACK BARNES

Un guide pour les travailleurs qui cherchent à construire le genre de parti nécessaire pour nous préparer aux batailles de classe qui viennent, dans lesquelles nous nous révolutionnerons, révolutionnerons nos syndicats et révolutionnerons toute la société. 23 $ US. Aussi en anglais, espagnol, farsi et grec.

L'histoire du trotskysme américain, 1928-1938
Le rapport d'un participant

JAMES P. CANNON

« Le trotskysme n'est pas un nouveau mouvement, une nouvelle doctrine, mais la restauration, la renaissance du marxisme véritable tel qu'il a été exposé et appliqué au cours de la révolution russe et des premiers jours de l'Internationale communiste. » Dans cette série de 12 présentations faites en 1942, James P. Cannon raconte un épisode décisif des efforts déployés pour construire un parti prolétarien aux États-Unis. 17 $ US. Aussi en anglais et en espagnol.

Leur Trotsky et le nôtre

JACK BARNES

Pour diriger les travailleurs à la victoire dans une révolution, il faut un parti révolutionnaire de masse dont les cadres, longtemps à l'avance, ont intériorisé un programme communiste international, ont une vie et un travail prolétariens, prennent plaisir à faire de la politique et ont forgé une direction dotée d'un sens aigu de ce qu'il faut faire. Ce livre discute comment construire un tel parti. 12 $ US. Aussi en anglais, espagnol et farsi.

L'émancipation
des femmes et la
lutte de libération
de l'Afrique

Thomas Sankara

L'émancipation des femmes et la lutte de libération de l'Afrique

THOMAS SANKARA

« Les femmes et les hommes de notre société sont tous victimes de l'oppression et de la domination impérialistes. C'est pourquoi ils mènent le même combat. La révolution et la libération de la femme vont de pair. Et ce n'est pas un acte de charité ou un élan d'humanisme que de parler de l'émancipation de la femme. C'est une nécessité fondamentale pour le triomphe de la révolution. » 5 $ US. Aussi en anglais, espagnol et farsi.

Les cosmétiques, la mode et l'exploitation des femmes

JOSEPH HANSEN, EVELYN REED, MARY-ALICE WATERS

Comment le grand capital joue sur le statut de deuxième classe et l'insécurité sociale des femmes pour vendre des cosmétiques et empocher des profits. L'introduction de Mary-Alice Waters explique comment l'entrée de millions de femmes dans la main-d'oeuvre, durant et après la deuxième guerre mondiale, a transformé la société de manière irréversible. 12 $ US. En anglais, espagnol et farsi.

Problèmes de la libération des femmes

EVELYN REED

Explore les racines sociales et économiques de l'oppression des femmes, de la société préhistorique au capitalisme moderne, et montre la voie vers leur émancipation. 12 $ US. En anglais, farsi et grec.

Malcolm X parle aux jeunes

« La jeune génération de blancs, de Noirs, de bruns, de n'importe quelle couleur — vous vivez à une époque de révolution, » dit Malcolm X en décembre 1964. « Quant à moi, je me joindrai à n'importe qui, je me fiche de votre couleur, du moment que vous voulez changer la condition misérable qui existe sur cette terre. » Quatre discours et une entrevue donnés dans les derniers mois de sa vie. 12 $ US. Aussi en anglais, espagnol, farsi et grec.

Thomas Sankara parle

La révolution au Burkina Faso, 1983-1987

Sous la direction de Thomas Sankara, le gouvernement révolutionnaire du Burkina Faso en Afrique de l'Ouest a mobilisé les paysans, les travailleurs, les femmes et les jeunes pour alphabétiser la population ; creuser des puits, planter des arbres, construire des maisons ; combattre l'oppression des femmes ; effectuer une réforme agraire ; se joindre à d'autres, en Afrique et dans le monde, pour se libérer du joug impérialiste. 20 $ US. Aussi en anglais.

Le deuxième assassinat de Maurice Bishop

STEVE CLARK

Cet article décrit les réalisations de la révolution qui a eu lieu de 1979 à 1983 dans l'île antillaise de la Grenade. Il explique les racines du coup d'État de 1983 qui a conduit à l'assassinat du dirigeant révolutionnaire Maurice Bishop et à la destruction du gouvernement des travailleurs et des agriculteurs par une faction politique stalinienne à l'intérieur du *New Jewel Movement*, le parti au pouvoir. Dans *Nouvelle Internationale* nº 3. 14 $ US. Aussi en anglais et en espagnol.

LES DIRIGEANTS RÉVOLUTIONNAIRES DANS LEURS PROPRES MOTS

Le Manifeste communiste

KARL MARX, FRIEDRICH ENGELS

Le document fondateur du mouvement ouvrier moderne, publié en 1848. Il explique pourquoi le communisme ne découle pas de principes préconçus, mais de la ligne de marche de la classe ouvrière vers le pouvoir, un mouvement généré par « une lutte de classe existante, un mouvement historique qui s'opère sous nos yeux. » 5 $ US. Aussi en anglais, espagnol, farsi et arabe.

En défense du socialisme

Quatre discours prononcés en 1989 lors du trentième anniversaire de la révolution cubaine

FIDEL CASTRO

Fidel Castro explique que les progrès économiques et sociaux sont possibles sans la concurrence dévastatrice du capitalisme et que le socialisme reste la seule voie en avant pour l'humanité. 12 $ US. En anglais et en grec.

Le socialisme en procès

Déposition au procès pour sédition de Minneapolis

JAMES P. CANNON

Le programme révolutionnaire de la classe ouvrière tel que présenté en 1941, à la veille de l'entrée des États-Unis dans la deuxième guerre mondiale, en réponse à des accusations fabriquées de « conspiration pour sédition » portées contre des dirigeants du mouvement syndical à Minneapolis et du Parti socialiste des travailleurs. Comprend la réponse de l'auteur à des critiques gauchistes. 15 $ US. Aussi en anglais, espagnol et farsi.